こどもスポーツ練習 **Q & A**

やってみよう
バスケットボール

佐東雅幸 著

鈴木良和 監修

ベースボール・マガジン社

マナブ
くん

スポーツ大好きな男の子

バスケットボールのスター選手に憧れてるんだ！
あんなにカッコいいプレーは
どうやったらできるの？教えて佐東コーチ！

バスケットボールって楽しそう！
始めるにはどうすればいいの？
佐東コーチに聞いてみたい！

ゆめ
ちゃん

好奇心いっぱいの女の子

著者 佐東雅幸コーチ

この本でみなさんの悩みや質問に答えます！
楽しくプレーしましょう！

はじめに

　今、日本のバスケットボールが、大きく変わろうとしています。2021年に開催された東京オリンピックでは、女子日本代表が銀メダルに輝きました。また、2023年のワールドカップでは、それまで世界の壁に跳ね返され続けていた男子日本代表が3勝を挙げ、男女共に2024年パリオリンピックの出場権を獲得しました。

　男子日本代表が強くなった大きな理由の一つとして、2016年にスタートしたB.LEAGUEの存在が挙げられます。富樫勇樹選手（千葉ジェッツふなばし）、河村勇輝選手（横浜ビー・コルセアーズ）、比江島慎選手（宇都宮ブレックス）らがプレーする、日本の男子プロバスケットボールリーグです。

　日本人選手が所属するのは、国内のチームだけではありません。渡邊雄太選手（メンフィス・グリズリーズ）や八村塁選手（ロサンゼルス・レイカーズ）のように、

この本に出てくるマークの紹介

やってみよう
やってみてほしい動きや練習法

ココが大事！
とくに大事なこと、
意識しておきたいこと

ワンポイントアドバイス
心がけたいこと、
プレーに生かせるポイント

気をつけよう
よくやってしまう悪い動作の例

レベルアップのコツ
より上達するためのアドバイス

メモ
覚えておくといいこと

知ってる？
バスケットボールに関する豆知識

お伝えする上達法は右利きプレーヤーを想定して解説しています

NBA（National Basketball Association＝アメリカを中心とする北米の男子プロバスケットボールリーグ）で活躍する選手が出てきています。女子では、馬瓜ステファニー選手が、スペインで頑張っています。日本人選手が海外でプレーするのは、夢のような話ではなくなってきているのです。

そんな憧れの選手に「続け」とばかりに、読者のみなさんも、練習に取り組んでいることでしょう。

しかし、「どうもうまくいかない。どうすれば、うまくいくんだろう？」と悩んでしまうケースがあるはずです。

この本は、そんな悩みを解決するための一冊です。目の前にあるモヤモヤが晴れたとき、みなさんの競技レベルは上がっていることでしょう。その先に広がる未来は無限大です！「なりたい自分になる」ためのヒントが、この本の中にあると信じています。

はじめに……2

第❶章 バスケットボールとは？

Q01	バスケットボールの面白さって何ですか？……8
Q02	チームスポーツのよさを教えてください……10
Q03	ポジションの名前と役割を教えてください……11
Q04	基本的なルールを教えてください……14
Q05	どんな反則がありますか？……16
Q06	バイオレーションって何ですか？……18
Q07	バスケットボールに必要な用具は何ですか？……22
コラム❶	バスケットボールの歴史……24

第❷章 バスケットボールの基本スキル シュート編

Q08	シュートの種類にはどんなものがありますか？……26
Q09	どのようにしてボールを持てばいいですか？……28
Q10	どのようにしてシュートを打てばいいですか？……29
Q11	遠くから決めるにはどうすればいいですか？……32
Q12	練習では決まるのに試合になると決まりません……34
Q13	入る場合と入らない場合に大きな差があるのですが……36
Q14	レイアップシュートを確実に決めたいのですが……38
コラム❷	お勧めのシュートは、男女ともワンハンド……40

第❸章 バスケットボールの基本スキル ドリブル編

Q15	ドリブルの突き方を教えてください……42
Q16	ドリブル練習をやっても走るとミスするのですが……46
Q17	周りを見ながら、ドリブルできるようになりたいです……50
Q18	緩急をつけたドリブルを身につけたいのですが……51
Q19	攻撃的なディフェンスをされるとミスが出ます……54

Q20　ディフェンスを抜くにはどうすればいいですか？……56
コラム❸　ドリブルする目的……58

第4章　バスケットボールの基本スキル パス編

Q21　突き指しないキャッチのやり方を教えてください……60
Q22　どんな場合にパスを出せばいいですか？……64
Q23　パスを出す際のボールの持ち方を教えてください……65
Q24　パスは何種類ありますか？……68
Q25　走っている人にうまくパスできません……70
Q26　どうすれば味方と息を合わせられますか？……72
Q27　練習だと成功するパスが試合では守られるのですが……74
コラム❹　成功の可能性を高める「心理的安全性」……76

第5章　バスケットボールの基本スキル ディフェンス&リバウンド編

Q28　ディフェンスでは何をすればいいですか？……78
Q29　マークする選手を見失ってしまうのですが……80
Q30　ボールマンに抜かれたらどうすればいいですか？……82
Q31　どうすればファウルせずにボールを奪えますか？……84
Q32　気持ちが入りすぎてファウルをよく犯します……86
Q33　「リバウンドを制する者はゲームを制する」のですか？……87
Q34　リバウンドを多く取るポイントは何ですか？……88
Q35　ジャンプ力を上げるにはどうすればいいですか？……90
コラム❺　リバウンドに行く習慣をつける……92

第6章　バスケットボールのための 心と体づくり

Q36　メンタルとマインドの違いは何ですか？ ……94
Q37　メンタルを鍛えるにはどうすればいいですか？……95
Q38　ミスから切り替えるにはどうすればいいですか？……96
Q39　練習でやる気が出ないのですが……97

Q40 モヤモヤしているときはどうすればいいですか？……98
Q41 ぎこちない動きを直したいのですが……99
Q42 プレー中の姿勢の悪さを直したいのですが……102
Q43 もっとキレがある動きをしたいのですが……104
Q44 ケガを少なくするにはどうすればいいですか？……105
Q45 腕立て伏せができないのですが……108
コラム❻ 「成長マインドセット」を身につける……110

第❼章 バスケットボールの試合に出てみよう

Q46 試合当日の食事はいつ摂ればいいですか？……112
Q47 試合前にやっておくことを教えてください……114
Q48 試合前の緊張や不安への対処法を教えてください……116
Q49 一度ミスすると続けてミスしてしまいます……117
Q50 限られた時間の中でいいプレーをしたいです……118
Q51 動きがわからずパニックになるのですが……120
Q52 クールダウンは必要ですか？……122
Q53 1日に2試合ある場合の過ごし方を教えてください……124
Q54 試合後の夜に家でやるべきことは何ですか？……125
コラム❼ 試合のつくりを知っておこう……126

第❽章 楽しくプレーするための環境づくり

Q55 親が口を出していいのはどこまでですか？……128
Q56 我が子にリーダーシップをとらせたいのですが……129
Q57 親は指導者に対してどう接すればいいですか？……130
Q58 身長を伸ばすにはどうすればいいですか？……131
Q59 どれくらいの睡眠をとればいいですか？……132
Q60 ケガを予防するためのいい方法はありますか？……133
Q61 年代別や習熟度別の指標はありますか？……134
Q62 ミニバス、部活、クラブ、スクールの違いは何ですか？……136

さくいん＜用語解説＞……138

おわりに……142
著者、監修者、撮影協力者の紹介……143

※選手の所属およびルールは3月10日現在のものです

第1章
バスケットボール とは？

バスケットボールの
基本的なことを学ぼう！

バスケットボールの
ことを知りたい！

バスケットボールの面白さって何ですか?

バスケットボールは「5人対5人」で行うボールスポーツです。攻撃側（オフェンス）は、守備側（ディフェンス）に妨害されながらも、チームで協力しながら、高いところにある相手のゴールにボールを通過させることを目指します。攻守が切り替わる場面が多く、しかも、コート上の選手が全力で走るため、ゲームの展開が速くなります。

コート上の選手が、ときに体をぶつけ合うなど、激しい攻防が見られる。一方で、3ポイントシュートなど、華麗なプレーもある

各競技の団体に加盟している国と地域の数

FIBA（国際バスケットボール連盟）に加盟している国および地域	212
FIFA（国際サッカー連盟）に加盟している国および地域	209
IBAF（国際野球連盟）に加盟している国および地域	124
WR（ワールドラグビー）に加盟している国および地域	132

A 相手に妨害されながらも 展開が速いところです

知ってる？ 世界各国で親しまれているスポーツ

現在、世界で一番有名なプロバスケットボールリーグは、アメリカを中心とするＮＢＡ※でしょう。ＮＢＡは、アメリカ人だけのリーグではありません。実力ある選手たちが、世界各国から集まってきています。日本人では、渡邊雄太選手（メンフィス・グリズリーズ）と八村塁選手（ロサンゼルス・レイカーズ）がプレーしています。

ＮＢＡ以外のものとしては、ヨーロッパ、南米、オセアニア、アフリカ、アジアの各国にプロリーグあるいはプロに準じたリーグがあります。日本には、2016年に男子のプロリーグである「B.LEAGUE（Japan Professional Basketball League)」が誕生しました。女子については、「Ｗリーグ(Women's Japan Basketball League)」という名称のトップリーグがあります。世界各国で行われているということは、バスケットボールがそれだけ親しまれている証拠と言えます。

日本でも、「B.LEAGUE」や「Ｗリーグ」で最高レベルのバスケットボールを見ることができる。テレビなどの画面越しではなく、選手の懸命なプレー、観客の声援、会場の雰囲気など、現地でしか味わえないことを感じながら、試合観戦することをお勧めする

※National Basketball Association＝アメリカを中心とする北米の男子プロバスケットボールリーグ

Q 02 チームスポーツの よさを教えてください

A 仲間と助け合いながら、勝利を目指すところです

スポーツには、個人スポーツとチームスポーツがあります。どちらにも長所と短所がありますが、バスケットボールのようなチームスポーツの長所は、モチベーション（やる気）が上がるような影響をチームメート同士が与え合い、また、困った際には助け合えることです。

☝ ココが大事！ 思いやりと勇気のバランス

近頃は、小中学生でも他人を気遣える選手が増えています。しかし、気遣いすぎて、苦しむ選手もいます。そこで重要になるのが、思いやりと勇気のバランスです。思いやりが強すぎると、チャンスの場面なのに、自分なんてと考え、パスを選びがちになります。勇気が強すぎると、独りよがりのプレーになってしまったり、チームメートを生かすことができずにチームを悪い状態にしてしまったりします。

勇気が強く、思いやりが弱い選手は、思いやりを大事にし、勇気が弱く、思いやりが強い選手は、勇気を大事にしましょう。仲間に与える影響を考えたり、体験したりできるのがチームスポーツのよさだと思います。

勇気を持つことは大事。だが、チームメートの心の状態にいつも気づける、感じられる思いやりが、何よりも大切

Q 03 ポジションの名前と役割を教えてください

A ポジションはありますが限定する必要はありません

バスケットボール選手には、5人それぞれに基本となるポジションと役割があります（P12〜13）。しかし、小学生のうちはポジションを固定せずに、どのポジションでもプレーできるようになることが大切です。ポジションの固定は、高校生くらいからでいいでしょう。

ワンポイントアドバイス 中学生になったら、「ユニット」で考えよう

中学生になったら、3つの「ユニット」（グループ）に分けるといいと考えます。おもに相手コートにボールを運ぶガードユニットは、チームの得点チャンスをつくったり、つくるためのスペースを探したりします。おもにアウトサイドからの得点を得意とするフォワードユニットは、シュートが比較的うまく、得点を取りたい、その責任を持ちたいという気持ちが強い選手に向いています。おもにペイントエリア（P15）内でプレーするセンターユニットは、身長が比較的高く、リバウンドに強い選手に向いています。相手との身体接触を嫌がらないことが大切です。NBAなどのスター選手を参考にしながら、なりたいユニットを考えるのもいいでしょう。

ただし、ユニットについても、限定する必要はありません。ガードユニットとフォワードユニットを兼ねたり、フォワードユニットとセンターユニットを兼ねたりする選手がいてもいいでしょう。

ルカ・ドンチッチ（ダラス・マーベリックス／右）のようなチームの司令塔を目指すならガードユニット

11

5つの基本的な ポジション

基本的なポジションとして分けられる次の5つは、高校生になってから意識すればいいでしょう。

ポイントガード (PG)

おもにバックコート（自陣）からのボール運び、攻守におけるフォーメーションの指示出し、パスの供給などを担うことが多い

河村勇輝選手

比江島慎選手

シューティングガード (SG)

3ポイントシュートなどのアウトサイドからのシュートやドライブからのシュートで得点を奪う役割を担うことが多い

スモールフォワード (SF)

ペイントエリア内などのインサイドと3ポイントラインの外側などのアウトサイドの両方からのシュートで得点を奪う役割を担うことが多い

馬場雄大選手

パワーフォワード (PF)

八村塁選手

ペイントエリアの外側やゴール下から得点を奪うことをおもな役割とする。リバウンドを確実に取ることも求められる

ジョシュ・ホーキンソン選手

センター（C）

おもにゴール下などのペイントエリア内のシュートで得点を奪う役割を担う。守備では、自陣ゴールを守る「最後の砦」としての役割も担う

知ってる？

ポジションとその配置

　ポジションには、役割と同時に、ポイントガードはゴール正面、ＳＧとＳＦはウイング（リングから45度の角度付近）といった具合に、どの位置に立つべきかの基本的な配置があります。

　一般的に、長身選手はペイントエリア近くに配置されることが多いのですが、例えば、長身選手が二人いるなら「３アウト２イン」（図①）、長身選手が一人なら「４アウト１イン」（図②）というように、コート上でバランスをとります。長身選手がいないチームなら、５人全員が３ポイントラインの外に立つ「５アウト」（図③）でもいいでしょう。

　特に小学生の場合は、いろいろなポジションを経験できる「５アウト」をお勧めします。身体的に成長していく中で、さまざまなポジションを経験しておくことには、大きな価値があるからです。

　また、「ポイントガードは身長が最も低い選手」、「センターは身長が最も高い選手」などと、ポジションをサイズだけで決めてしまう必要はありません。選手が持つ個性や能力を最大限に発揮できるポジションにトライしましょう。

　現代バスケットボールにおいては、ポジションにしても、役割にしても、個々の自由度が、とても高くなっています。自由度が高くなった５人をうまく組み合わせながら、チームとして、大きな力を生み出すことが大切です。

① ３アウト２イン

② ４アウト１イン

③ ５アウト

基本的なルールを教えてください

A 年代ごとに少しずつ違います

バスケットボールは、5人ずつの選手からなる2チームが、相手が守る側のゴールを目指してパスやドリブルで攻め合い、ゴールにシュートを決めた合計得点を競う球技です。3人で行う3人制（3×3）、車いすバスケットボール、聴覚に障がいを持つ選手によるデフバスケットボールもあります。

本書でおもに紹介する5人制についても、小学生を対象とするミニバスケットボールと中学生以上のバスケットボールがあり、ルールが、やや異なります。また、ボールのサイズが男女で異なるという違いがあります。

おもなルール

ボールのサイズ

小学生	5号球
中学生以上の女子	6号球
中学生以上の男子	7号球
3人制	6号球。ただし、7号球と同じ重さ

3ポイントシュート

小学生	なし
中学生以上	あり

試合時間

小学生	6分×4クォーター制（24分）
中学生	8分×4クォーター制（32分）
高校生以上	10分×4クォーター制（40分）→FIBAルール
NBA	12分×4クォーター制（48分）
	同点の場合はオーバータイム（延長戦）あり オーバータイム=小学生3分、中学生以上5分 決着がつくまで繰り返す

※2024年3月10日現在

バスケットボールのコート（5人制）

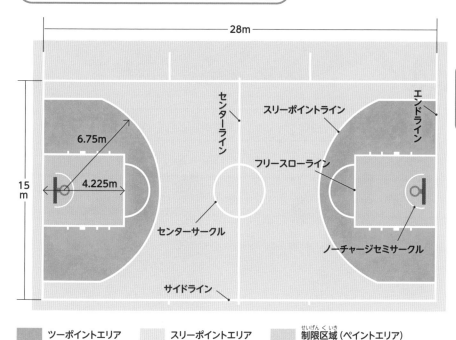

28m

15m

センターライン
スリーポイントライン
エンドライン
6.75m
フリースローライン
4.225m
センターサークル
ノーチャージセミサークル
サイドライン

■ ツーポイントエリア　　■ スリーポイントエリア　　■ 制限区域（ペイントエリア）

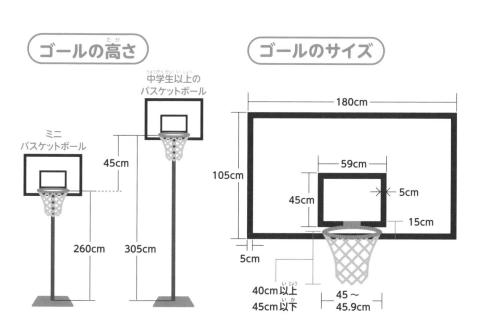

ゴールの高さ

ミニ
バスケットボール

中学生以上の
バスケットボール

45cm

260cm

305cm

ゴールのサイズ

180cm

105cm

59cm

45cm

5cm

45cm

15cm

5cm

40cm以上
45cm以下

45〜
45.9cm

05 どんな反則がありますか？

おもな反則（白のディフェンス側が起こした場合）

プッシング

相手を押すこと

ホールディング

相手をつかむこと

イリーガルユースオブハンズ（ハッキング）

相手の腕などをたたくこと

ブロッキング

相手の進路を動きながらぶつかり、妨害すること

A 原則として、体が接触すると反則です

バスケットボールには、「女性でも気軽にできる室内スポーツ」という前提条件が、考案する際からありました。そのため、原則として、互いの体が接触する（ぶつかる）プレーは、反則（ファウル）になります。

チャージング（オフェンス側）

正しい姿勢で守っているディフェンスにぶつかること

ワンポイントアドバイス 反則の基準

反則には、基準があります。審判は、「事実」と「影響」と「責任」の3つが重なった場合に反則があったことを笛で合図します。

事実とは、「接触があった」という事実です。

責任とは、攻守のどちらに責任があるのかがはっきりとわかることです。適切なポジションでプレーしているのに、相手があとからそのポジションに入ってきたら、責任は、相手にあることになります。

難しいのは影響ですが、その基準となるキーワードがあります。「RSBQ」です。

R＝リズム（Rhythm）　S＝スピード（Speed）

B＝バランス（Balance）　Q＝クイックネス（Quickness）

接触プレーによって、これらが変わった場合は、反則になります。逆に言えば、これらが変化していない程度の身体接触であれば、反則にならないケースがあります。

Q 06 バイオレーションって何ですか？

A 反則ではありませんが、相手ボールになる違反です

バスケットボールには、違反になる行為が、反則のほかにもあります。

それがバイオレーションです。

おもなバイオレーション

トラベリング ボールを持ったまま、3歩以上歩くこと

ダブルドリブル

ドリブルしていたボールを一度保持したあと、再度ドリブルを行うこと。また、2回以上、両手でドリブルすることもダブルドリブル

両手でドリブル

ドリブル→保持→ドリブル

3秒ルール

オフェンスの選手がフロントコート（相手陣）のペイントエリア内に3秒以上いること。ただし、ボールをもらおうとしている場合、シュートを打とうとしている場合、ペイントエリアから出ようとしている場合はカウントされない

ペイントエリア内に3秒以上とどまることはできない

一方の足だけであっても、ペイントエリア内に3秒以上いると、バイオレーションになる

バックコートバイオレーション（バックパス・パス）

バックコート　フロントコート

フロントコートに一度入ったボールをパスで
バックコート（自陣）に戻すこと

※ミニバスケットボールには、バックコートバ
イオレーションはないため、中学生から適用
される（2024年3月現在）

バックコートバイオレーション（ドリブル）

バックコート

ドリブルでセンターラインを通過したあと、ドリブルでバックコートに戻ること

ワンポイントアドバイス 「フロントコートに入る」とは？

　バックコートバイオレーションの基準となる「フロントコートに入る」とは、ボー
ルを持っている選手の両足とボールが、フロントコートに同時についた瞬間に成立し
ます。逆に言えば、一方の足がバックコートに残っている場合や、両足がフロントコー
トに入ってもバックコートでボールを弾ませている場合は、バックコートに戻って
も、バックコートバイオレーションにはなりません。

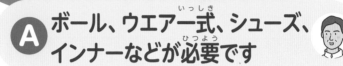

Q 07 バスケットボールに必要な用具は何ですか?

A ボール、ウエアー式、シューズ、インナーなどが必要です

バスケットボール

　バスケットボールには、天然皮革を使ったもの、人工皮革を使ったもの、ゴムを使ったものがあります。以前は8枚のパネルを貼りつけたものが主流でしたが、今は12枚のパネルを貼りつけたものが出てきています。

7号球
中学生以上の男子が使っている直径24.5cmのボール

6号球
中学生以上の女子が使っている直径23.25cmのボール

5号球
小学生が使っている直径225cmのボール

出展：モルテン NEWS LETTER「バスケットボールのひみつ」

シューズ（バッシュ）

くるぶしが隠れるくらいの高さがあることが特徴の一つですが、それ以外のものもあります。クッション性が高く、滑らないようなグリップ性が高いものがいいでしょう。

写真提供／
アシックスジャパン

ソックス（厚手のスポーツソックス）

走る、跳ぶなどの動作を繰り返すので、足への負担を少しでも減らすために、ソックスは厚手のものがいいでしょう。

写真提供／
アシックスジャパン

ユニフォーム（ホーム、アウェー）

試合用のユニフォームは、淡色と濃色の2枚を用意します。現在は、ヒザがパンツで隠れてはいけないなどの細かいルールがあるので、新しくつくる場合は、チェックする必要があります。また、よりアクティブに動くために、上下ともにスポーツ用のインナーをユニフォームの下に着用するといいでしょう。

練習着

⭕ つけてもいいもの
リストバンド、ヘアバンドなど

❌ つけてはいけないもの
ヘアピンなどの硬いものなど

ワンポイントアドバイス シューズを買う際は実際に履く

シューズの購入は、インターネットでもできますが、可能な限り、実際に履いてみることをお勧めします。シューズの大きさ（長さ、幅、高さ）は、メーカーやシューズによって異なります。細かい部分の違いを知るには、履いてみるのが一番です。きつすぎない幅のもの、手の指がかかとに1本入るくらいの余裕がある長さのものを選ぶといいでしょう。

23

バスケットボールの歴史

バスケットボールの歴史をたどってみましょう。

バスケットボールは、1891年12月21日にアメリカ・マサチューセッツ州スプリングフィールドにある国際YMCAトレーニングスクールで初めて行われました。そのスクールのジェームズ・ネイスミス博士が、「学生たちがフットボールやベースボールを再開できる春になるまで、心身ともにいいコンディションを維持できるスポーツを考えてください。ただし、外は雪が積もっているので、室内でできるスポーツにしてください」と上司から指示されたのがきっかけでした。

考案された時点から、身体接触が禁止されました。しかし、困った問題が起こります。攻撃側の選手がボールを持ったまま走ると、守備側の選手は止めようがなかったのです。そこで考え出されたのが、ボールを持ったまま、3歩以上歩く、トラベリングの禁止でした。

当時のゴールは、現在のようなネット状のものではなく、桃を収穫するためのカゴでした。カゴは、英語で「BASKET（バスケット）」。そこから、「バスケットボール」という名前がつきました。

ちなみに、初のバスケットボールの試合には、石川源三郎さんという日本人が出場していたそうです。日本人が、バスケットボールの誕生に関わっていたのです。

バスケットボールが生まれてから、130年以上が経過しました。その間にさまざまなルール改正を行ってきましたが、今なお、人気スポーツとして、世界中で多くの人々を魅了し続けています。

ジェームズ・ネイスミス博士
（James Naismith）

第2章

バスケットボールの基本スキル

シュート編

シュートの基本的な
ポイントを紹介するよ！

シュートを
決めてみたい！

Q 08 シュートの種類には どんなものがありますか?

A たくさんありますが、大きく 分けると2種類になります

2種類の基本のシュート

レイアップシュート

ボールを下から持ち上げていくシュート

ジャンプシュート

跳び上がり、最高点でボールを離すシュート

シュートは、大きく2種類に分けられます。ゴールの近くで走りながら打つレイアップシュートとシューティングフォームをつくりながら跳んで打つジャンプシュートです。この二つを基本として、さらに、いくつかの種類に分けられます。

メモ

細かく分けると、たくさんの種類になる

シュートは、細かく分けると、たくさんの種類になります。例えば、レイアップシュートについては、通常のレイアップシュートのほかに、ボールを浮かせて打つフローターシュートなどがあります。

ゴールの下を通り越したところで打てば、バックシュートになりますが、そのバックシュートは、手の使い方によって、リバースシュートとリーチバックシュートに分けられます。ダンクシュートは、レイアップシュートの仲間と言っていいでしょう。

ジャンプシュートには、最高点でボールを放すシュートのほか、跳び上がる動作の中で打つジャンピングシュートと、跳ぶ動作こそありませんが、フリースローでよく見られる、構えてから打つセットシュートがあります。

セットシュート

バックシュート

フローターシュート

どのようにしてボールを持てばいいですか?

A 大切なのは、持ち方よりも腕の動かし方です

シュートの際は、ボールの持ち方よりも腕の動かし方が大切になります。昔は、「ボールと、ボールを持つ手の平の間に空間を少しつくったほうがいい」と言われました。それが、シュートを打つ際のいいボールの持ち方でした。しかし、今は、ボールを手のひらにくっつけておいていいとされています。理由はボールの転がりを感じやすくなるからです。

とくに手が小さい選手は、最初から、シュートの構えでボールを持と

うとすると、安定して持つことができません。真横から挟む形でもいいので、にかく、ボールをしっかりと持つことが大切。そこから、シュートを打つためにボールを持ち上げていく動きの中で、左右の手をワンハンドシュートの形に調整します。

昔、いいとされていた持ち方

現在、いいとされる持ち方

Q10 どのようにしてシュートを打てばいいですか?

A 肩とヒジのラインをゴールにまっすぐ押します

　シュートの際は、ボールを持っているほうの腕の肩とヒジとを結んだ線をゴールに向けた上で、手首をリング方向に伸ばすようにしながら、ボールをまっすぐ押し出します。このとき、手の平にあるボールを指先のほうに転がしていき、最後に指先で弾くようにして、ボールを離します。これをマジックタッチと言います。そのようにして、ボールをまっすぐ押すことができれば、手首は、自然とまっすぐ倒れていくはずです。シュートを打ったあとに指先が下を向くことから、これをフィンガーダウン（P30）と言います。

マジックタッチ

ボールを手の平の中で転がし、最後に指先で弾くようにして、ボールを離す

ココが大事！ フィンガーダウン

ボールをリングに向かってまっすぐ押せば、手首は、自然とまっすぐ倒れます。手首が内側や外側に折れたとしたら、ボールをまっすぐ押せていないことになります。

やってみよう 手首の脱力エクササイズ

　ボールを持つ手の力が抜けず、砲丸投げのようになってしまう場合は、脱力して手首を意識的にまっすぐうしろに引くエクササイズを行いましょう。うしろに引けば、反動で、前にまっすぐ倒れます。

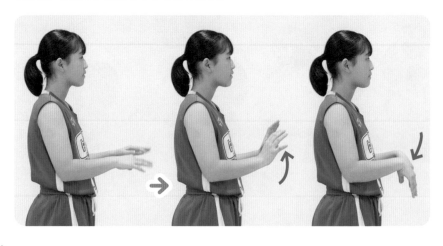

メモ ✏ 右利きの場合、左手は添えるだけ

　人気漫画『スラムダンク』の中に、「左手は添えるだけ」というフレーズが出てきます。右利きの選手がシュートを打つ場合、ボールを持っていない左手については、ボールを持っている右手の動作を邪魔しないようにします。シュートの方向を示すガイドラインとして、ボールに添えるだけにしましょう。

左手は、ガイドラインとして添えるだけ

⚠ 気をつけよう　ヒジを上げようとしない

　ヒジを上げようとすると、ヒジがゴールから離れる動きになり、力が前方向に伝わりません。ヒジを上げるのではなく、リングに向かって、手首でボールを押すイメージで打てば、ヒジは、自然と上がります。大事なのは、ボールを押すという感覚です。

第2章 バスケットボールの基本スキル　シュート編

31

A ボールに速さが必要です

　算数の授業で習った通り、「距離」は「速さ×時間」で決まります。遠い距離からのシュートを決めるためには、ボールに速さが必要です。

　バスケットボールのゴールは、3メートル5センチの高さにあります。そこに遠い距離から決めるとなると、上方向の速さと横方向の速さが必要になります。上方向の速さに変換できるのは、ジャンプの動作であり、横方向の速さに変換できるのは、ボールを押す動作とボールを離す瞬間におけるスナップ（手首）の動作です。3つの動作の速さが組み合わさると、遠くからのシュートが届くようになります。

▶ やってみよう

ポイントは、ボールをまっすぐ押す速さ

　高くジャンプしようとしてヒジを振り上げてしまうと、ボールを押す力が弱まります。スナップの力は強くないので、ボールを遠くに飛ばすポイントは、ボールをゴール方向にまっすぐ押す速さになります。そこにジャンプとスナップの力がうまくマッチすれば、ボールがより遠くに飛ぶようになります。

横方向の速さ

上方向の速さ

ココが大事！ シュートが決まる感覚を覚える

　バスケットボールは、ボールを遠くに飛ばす競技ではありません。遠い距離からでもシュートを「決める」ことが、重要になります。遠い距離からでもボールがリングに届くようになったら、距離感を整え、シュートが決まる感覚を覚えます。

ワンポイントアドバイス ゴールに向かって、やや斜め上に跳ぶ

　ジャンプの力、ボールを押す力、スナップの力がうまくマッチしたのに、それでもあと少し届かない場合は、ゴールに向かって、やや斜め上に跳ぶといいでしょう。

真上に跳ぶ

やや斜め上に跳ぶ

33

Q12 練習では決まるのに試合になると決まりません

A 試合と同じ動きで、シュートを練習します

🚩 **やってみよう1** **クローズアウトシュートドリル（3か所同時）**

①パス　クローズアウト

①二人一組になり、ディフェンス役の選手が、ゴール下からパートナーにパスを出します。パスを出したら、シュートを打たれないようにクローズアウト（接近）します

②ドライブの場合

②ボールを受けたオフェンス役の選手はクローズアウトしてくるパートナーの動きを見た上で、シュートを打つか、ドライブで抜くかを判断しましょう

③これを3か所同時に行います。ペイントエリアに入れるのは、一人だけと制限します。オフェンスには、「1対1」をやりながら、周りの状況を見て判断することが求められます

シュート練習と聞くと、自分が打ちたい位置でパスを受けてシュートする練習を思い浮かべるのではないでしょうか。これをスポットシューティングと言います。スポットシューティングは大事な練習ですが、試合でシュートを決めることとは別ものだと考えてください。

シュートは全身運動です。ボールを受ける前の動作を含め、走るスピードやリズムなどをすべて試合と同じようにしてトレーニングすることが、試合でシュートを決めるための練習になります。

🚩 やってみよう2 「1対1」からのクリエイトドリル （3か所同時）

二人一組になり、3か所同時に「1対1」を始めます。ここでも、ペイントエリアに入れるのは一人だけに制限します。ディフェンスと駆け引きするとともに、周りとぶつからないようにします

メモ

スポットシューティングは、大切な練習

スポットシューティングは、シュートフォームを固める上での大切な練習になります。スポットシューティングと動きながらのシューティングを1日の練習の中で繰り返すと、よりよい運動学習になります。

Q 13 入る場合と入らない場合に大きな差があるのですが

A シュートフォームをコンパクトにしましょう

シュートが外れるのは、体が思った通りに動かないからではなく、思っている以上に体が動きすぎているからです。シュートが入るときと入らないときの差を小さくするために

大事なのは、自分のシュートフォームの中から外れる原因を取り除き、シンプルにすること。そうすると、入るときと入らないときの差が、少しずつ小さくなります。

🚩 やってみよう1

ヒジを伸ばしきる

シュートフォームをシンプルにするためのポイントは、フォロースルーのヒジを伸ばしきることです。毎回伸ばしきれば、あとは、肩の動きや手首の動きなど、ヒジ以外の部分の調整になります。フォロースルーでヒジが曲がることがある場合、その曲がり方が少しでも違うと、シュートの結果にバラつきが生じます。

○ ヒジが伸びている

× ヒジが曲がっている

やってみよう2　斜めに向くようにして打つ

　ヒジを伸ばすことを強く意識すると、肩甲骨が動きがちです。肩甲骨は、シュートを打つ際にあまり動かないほうがいい関節です。肩甲骨まで動いてしまう人は、ゴールに対して、斜めに向くようにして打ってみます。そうすると、肩甲骨があまり動かなくなり、フィンガーダウンしやすくなります（P30）。

肩甲骨が動いていない

肩甲骨が動いている

メモ　すべてをコントロールすることはできない

　人間の骨は、208個あるとされています。そして、骨と骨につながっている筋肉が伸び縮みすることにより、「動き」になります。骨と骨をつなぐ筋肉を種類分けしていくと、細かいものを含めたら600種類になるとも言われます。
　すべての動きを意識的にコントロールすることはできません。シュートが入らない場合は、思ってもみなかった動きが体のどこかで起こっている可能性があります。

レイアップシュートを確実に決めたいのですが

A 手の平でボールを転がし、コントロールしましょう

　バスケットボールに確実はありません。レイアップシュートでも外れる場合があることを覚えておきましょう。

　レイアップシュートの成功率を上げるには、ボールを離す最後の瞬間がポイントになります。手の平でボールが転がるのを感じながら、どんなスピードの場合でも、どんな体勢の場合でも、ボールを離す瞬間の速度を最後に指先でコントロールします。そうすれば、成功率が上がるはずです。

やってみよう　レイアップシュートで体を動かそう

体を回転させながら、ステップしてレイアップシュートを打ちます

ステップ中に腰の周りでボールを1周させてから、レイアップシュートを打ちます

空中でヒザにボールをタッチさせてから、
レイアップシュートを打ちます

空中でボールをヒザ下から通して、レイアップシュートを打ちます

 レベルアップのコツ

いろいろな体勢、リズム、ステップで練習する

　バスケットボールは、相手に妨害されるスポーツです。それをかわしてレイアップシュートを打つには、いろいろな体勢、いろいろなリズム、いろいろなステップから打つ練習をするといいでしょう。1個のスキルを毎日100回練習するよりも、100個のテクニックを毎日1回ずつ練習したほうが、フィニッシュ力が上がります。

お勧めのシュートは、男女ともワンハンド

　バスケットボールのシュートには、ワンハンドシュートとツーハンドシュートがあります。日本人の多くは、男子がワンハンドシュートで女子はツーハンドシュートがいいと思っているかもしれません。しかし、私たちERUTLUCは、男女ともにワンハンドシュートをお勧めしています。この本で取り上げて説明しているのもワンハンドシュートです。

　なぜ、ツーハンドシュートをお勧めしないのかと言うと、ツーハンドシュートは、両手を使う分、シュートに影響が出やすいからです。ディフェンスのプレッシャーなどにより、バランスが少し崩れたとします。その結果として、一方の手に影響が出ると、それがシュート全体に影響し、外れる原因になります。

　女子は、男子に比べて腕の力が弱いから、ワンハンドシュートでは遠い距離のシュートが届かないのではないかと、心配する方がいるかもしれません。シュートのメカニズム（P 32）を理解して練習すれば、女子小学生であっても、ワンハンドシュートで3ポイントシュートの距離が届くようになるので、安心してください。

　シュートを遠くに飛ばすのは、腕の力ではありません。距離は、3つの速さ、すなわち、上方に跳び上がる速さ、ボールを押す速さ、そして、ボールを離す瞬間の速さで生まれるのです。

第3章

バスケットボールの
基本スキル
ドリブル編

ボールを巧みに
扱えるように
なりましょう！

どうしたら相手を
抜けるんだろう？

Q 15 ドリブルの突き方を教えてください

A ボールを強く突き、指の腹で受け止めます

　手の中でボールを長い時間コントロールできるのが、いいドリブルです。コントロールできる時間が長ければ、スティールを狙われた際にかわすことができますし、ディフェンスの守り方次第で、ドリブルチェンジ（方向転換）しやすくもなります。

　大切なのは、ボールを強く突くことです。1パーセントずつでいいので、強さを毎日増せるようにしましょう。

　強さにゴールはありません。

7つの基本ドリブルをマスターする

①基本姿勢

すぐに走り出せる姿勢で、ドリブルを足の外側で突く。ドリブルを突くポイントを「ゼロ」とする

ゼロの位置

②プッシュ

基本姿勢から足を動か
さないようにしながら、
「ゼロ」よりも前でボー
ルを突き、そして、
「ゼロ」に戻す

③プル

基本姿勢から足を動か
さないようにしながら、
「ゼロ」よりもうしろ
でボールを突き、そし
て、「ゼロ」に戻す

④スプレッド

基本姿勢から足を動か
さないようにしながら、
「ゼロ」よりもさらに
外側でボールを突き、
そして、「ゼロ」に戻
す

⑤クロス

「ゼロ」よりも内側で
ボールを突き、そして
「ゼロ」に戻す。その
際、ドリブルする手は
代えない

⑥高低 基本姿勢のままドリブルの高さを変える

⑦前後 「ゼロ」のポイントでドリブルを突き続けながら、ボールを前後に動かす

⑧左右 「ゼロ」のポイントでドリブルを突き続けながら、ボールを左右に動かす

ワンポイントアドバイス **跳ね返った先に、手の平を適切にセット**

　強いドリブルができない一因として、跳ね返ってきたボールをうまくコントロールできない点が挙げられます。これは、ボールが跳ね返った先に、手の平を適切にセットできていないからです。

　真下に突けば、真上に跳ね返ってきます。強く突いたら、跳ね返ってくるボールに対して手の平が向くように、すぐにセットします。前後左右に動かすドリブルであっても、跳ね返ってくる位置に素早く手の平を向けられるようにしましょう。

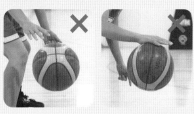

知ってる？

スーパースターも、練習を欠かさない

　ＮＢＡを代表するスーパースターのステフィン・カリー（ゴールデンステート・ウォリアーズ）でさえも、試合前のドリブル練習を欠かしません。それくらい、その日のドリブルの感覚を大事にしているのです。

Q 16 ドリブル練習をやっても走るとミスするのですが

その場で突くドリブルばかりを練習しても、走りながらのドリブルはうまくなりません。それは、体の動きにボールがついてこないからです。

ボールを前方向に押す意識を持ち、走りながらドリブルする練習を行えば、自然とうまくなります。

★ やってみよう1

エンドラインから「ドリブル3回レイアップシュート」

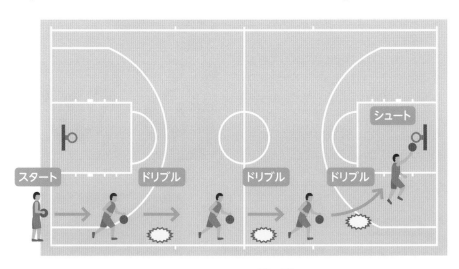

エンドラインからスタートし、ドリブル3回で逆サイドのゴールにレイアップシュートを打つ練習をしてみましょう。

Ａ ボールを前方向に押す意識を持ち 走りながら練習します

やってみよう2

「ドリブル3回レイアップシュート」+コーチ

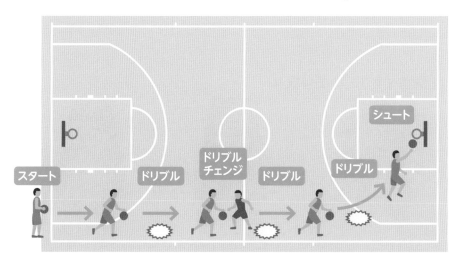

スタート　ドリブル　ドリブルチェンジ　ドリブル　ドリブル　シュート

「ドリブル3回レイアップシュート」を行う際、コースの途中にコーチに立ってもらい、コーチをドリブルチェンジ（方向転換）で抜きます。プッシュクロスドリブル（P48上）で抜こうとし、コーチが反応してきたら、インサイドアウトドリブル（P48下）で素早く対応します。

47

プッシュクロスドリブル

ドリブルをしている手とは逆方向の前方にボールを大きく押し出す

インサイドアウトドリブル

プッシュクロスドリブルをしようとし、その途中で手を返して、体の外側にボールを押し出す

⚠ 気をつけよう

手が「南半球」にあると
ダブルドリブル

　全力で走りながらドリブルを突こうとした際に、ボールに接している手が上向きになると、ダブルドリブルになります。ボールを「地球」に見立てた上で、手を赤道（地球のまんなかを走る線）よりも上の「北半球」で止めるのがポイントです。

　手を「南半球」に持っていくと、ダブルドリブルになります。「北半球」で止めるために、「プル」（P43）の動きをしっかりと身につけましょう。

北半球　　　　　　　　　　南半球

赤道

Q17 周りを見ながら、ドリブルできるようになりたいです

A ドリブル以外に意識が向くよう練習をしましょう

当たり前の答えのように思えますが、実は、ボールを見ないドリブル練習をたくさんやれば、周りが見えるようになるわけではありません。

ドリブル以外のことに、意識が向くようなドリブルを練習すると、周りを見ながらもミスしないドリブルが、身につきます。

やってみよう ハンドアイコーディネーション

①二人一組になり、どちらかが、ボールを持ちます。ボールを持っていない人が手を伸ばしたら、ボールに手が届く距離で向き合います

②ボールマンが、ドリブルします。パートナーが手を伸ばしたら、ボールマンは、素早くドリブルを引きます（足は動かしません）

③パートナーが足を踏み込んで手を出したら、ボールマンは、素早く足を引きながら、ドリブルを下げます

Q18 緩急をつけたドリブルを身につけたいのですが

A リズмを変えながら、ドリブルを練習します

緩急をつけると聞くと、足の動作を考えがちです。「止まる、加速する」という足の動作ももちろん大事ですが、ドリブルそのもので緩急をつけることもできます。一定のリズムでボールを突くのではなく、「トントン、トトン」や「トントン、トーン、トトン」のようにリズムを変えると、緩急がつきやすくなります。

第3章 バスケットボールの基本スキル ドリブル編

🚩 やってみよう　3つのリズムチェンジドリブル

① 足を踏み出すたびに、ドリブルを突く

足を一歩踏み出すたびにドリブルを1回突き、トントントン……のリズムで行います

51

②一方の足が床につくときだけ、ドリブルを突く

普通に歩きながら、一方の足（写真では左足）が床につくときだけ、ドリブルを突きます。トーン、
トーン……のリズムで行います

③足を踏み出すたびにドリブルを２回突く

足を一歩踏み出すたびに、ドリブルを２回突きます。トトン、トトン、トトン……のリズムで行
います

メモ なぜ、緩急をつけることが大切なのか？

　バスケットボールは、ディフェンスがオフェンスの動きを妨害することが許されているスポーツです。オフェンスは、その妨害を乗り越えなければいけません。

　ディフェンスはオフェンスの動きやリズムに合わせて妨害してきます。相手と同じリズムで動くと、守られてしまいます。いかに相手のリズムを崩すかが、大切になります。相手のリズムを崩して、チャンスを生むために、緩急をつけたドリブルやフットワークを身につけましょう。

Q 19 攻撃的（こうげきてき）なディフェンスを されるとミスが出（で）ます

A 攻撃的（こうげきてき）なディフェンスは、 抜（ぬ）くチャンスと言（い）えます

相手（あいて）が攻撃的（こうげきてき）なディフェンスをしてきた場合（ばあい）、すなわち、プレッシャーをかけてきた場合（ばあい）、それをピンチととらえるか、チャンスととらえるかによって、ボールマンの動（うご）きは変（か）わります。

ディフェンスが間合（まあ）いを詰（つ）めてプレッシャーをかけてきたら、ドリブルで抜（ぬ）くチャンスと考（かんが）えましょう。抜（ぬ）けなかったとしても、間合（まあ）いが狭（せま）い分（ぶん）、ディフェンスがファウルしやすいと言（い）えます。

プレッシャーをかけられたら、チャンスと考（かんが）える

うしろに下がるドリブルを身につける

バスケットボールは前に進むスポーツですが、相手が進路を妨害しようとプレッシャーをかけてきた場合は、うしろに下がることが、プレッシャーから逃れる一つの方法になります。うしろに下がるリトリートドリブルを身につけましょう。

メモ

ピンチではなく、チャンスと考える

　心理学によると、ピンチと思ってしまうと、ピンチになる映像が、頭の中に生まれるそうです。同じ場面でもチャンスと思えば、チャンスをモノにする映像が生まれるそうです。ドリブル中にプレッシャーをかけられても、ピンチではなく、チャンスと考えれば、抜けそうなスペースが目に入るものです。

Q20 ディフェンスを抜くにはどうすればいいですか?

A ディフェンスの動きを感じ取ります

ドリブルでディフェンスを抜くためのポイントは、ディフェンスの動きを感じ取ることです。人間は、ある方向に動き出すと、その瞬間、すぐには逆方向に進めません。止まろうとした瞬間についても、すぐには次の動作に移れません。人間のそうした特性を利用しましょう。

ディフェンスが動き出した瞬間に逆方向にアタックしたり、ディフェンスが止まろうとした瞬間にアタックしたりすると、抜きやすいと言えます。ディフェンスの足が前後に開いている場合は、前足（トップフット／写真下）側から抜こうとすると、ディフェンスの反応が遅れます。

こうしたことをじっくりと見て判断するのではなく、相手の動きを感じ取りながら、瞬時に反応できるようにしましょう。

トップフット

ディフェンスの前足（トップフット）側が狙い目

やってみよう 床につけている足の方向に動く

　ディフェンスは、基本的に両足が床にしっかりとついた状態でスタンスをとっています。その場合は、両足どちらの方向にも動けます。しかし、一方の足しかついていない場合に動きやすいのは、浮いている足の方向だけです。

　オフェンスとしては、ディフェンスが床につけている足の方向に動けば、抜きやすいと言えます。写真の場合は、ディフェンスの右足側（丸印）が抜きやすい方向です。

ココが大事！ やりたいプレーではなく、相手が嫌がるプレーをする

　ディフェンスを抜く場合、自分がやりたいプレーをするだけでは成功しないことがあります。たとえ抜けたとしても、同じことを繰り返すと、ディフェンスの脚力が上がると抜くのが難しくなるでしょう。

　ディフェンスの動きを意識的に感じ取るようにします。ディフェンスが動きにくいタイミングで動きにくい方向を突くような練習を続けると、多くの場面で抜けるようになるはずです。

コラム❸

ドリブルする目的

ドリブルは、バスケットボールの誕生と同じタイミングで生まれました。競技の誕生時から身体接触が禁止され、同時に、ボールを持って走ってはいけないというルール（P24）も設けられました。

3メートル5センチの高さにあるゴールに、シュートを決める可能性を高めるためにはゴールに近づいたほうがいいわけですが、当時の人たちは、ボールを手の平で上方向にポンポンと弾ませながら、進んでいたそうです。現在のドリブルの突き方とは逆方向でしたが、それが、ドリブルの始まりと言われています。

ドリブルする目的は移動であり、それは、今も変わりません。ただし、ドリブルでゴールに近づこうとすればするほど、ディフェンスが邪魔してくるので、ドリブルは、どんどん難しくなります。

ドリブル練習のやり方としては、ディフェンスがいない状態から、ボール運びのように前進するトレーニングが一般的だと思います。しかし、実は、ディフェンスをつけた状態、しかも、ヘルプディフェンスが待ち構えている状態から、ペイントエリアに進入していくようなドリブル練習をしておくと、実際の試合におけるボール運びが、すごく楽になるのです。

そういう意味でも、小学生や中学生の頃から、「1対1」をどんどんやることをお勧めします。「2対2」、「3対3」、「5対5」などの練習においても、ドリブルによる「1対1」の仕掛けにトライしていきましょう。

第4章

バスケットボールの基本スキル
パス編

お互いの息を合わせて
チャンスをつくりましょう

チームメートと
ボールをつなぎたい！

Q 21 突き指しないキャッチの やり方を教えてください

A 手の平をボールに向けます

　キャッチの際に突き指する理由は、指先がボールに向いているからです。

　指を少し広げ、手の平をボールに向けると、突き指しにくくなります。

良い受け手

悪い受け手

60

やってみよう ボールをあえて弾くのもあり

　キャッチできるかどうかわからないボールを無理矢理取ろうとすると、手がキャッチするための形になっていないので、突き指しやすいと言えます。ファンブル、すなわち、弾くことは、ボール保持とはみなされません。初心者は、キャッチするのが難しそうな場合、ボールをあえて手に一度当て、弾いたボールをキャッチしに行くのもありでしょう。

◯ 横にファンブルしてからキャッチ

⭕ 正面でファンブルしてからキャッチ

キャッチ

🏃 レベルアップのコツ

相手のレベルが上がってきたら、キャッチの技術を高める

　相手のレベルが上がってきたら、ファンブルすると、ボールを奪われる危険性が高まります。難しいボールでもファンブルせずに取れるように、キャッチの技術を高めましょう。

⚠ 気をつけよう

ダブルドリブルに注意 ちゅう い

　ルール上、ファンブルは、ボール保持になりません。ただし、それを逆手にとり、 じょう ほ じ さかて
来たパスをキャッチせずに自分が行きたい方向へと弾いてコントロールしたあとに、 じぶん い ほうこう はじ
落ちたボールをキャッチしてドリブルすると、ダブルドリブルになります。コントロ お
ールしたかどうかは審判が判断しますが、注意が必要です。 しんぱん はんだん ちゅう い ひつよう

✕ 横でコントロールしてからキャッチ よこ

こっちに落とそう お

✕ 正面でコントロールしてからキャッチ しょうめん

こっちに落とそう お

Q22 どんな場合にパスを出せばいいですか?

A 得点のチャンスに
なると思ったら出します

ボールを速く移動させられるのは、ドリブルよりもパスのほうです。自分がドリブルしている際に、得点できる可能性がもっと高い選手がほかにいたら、積極的にパスを出しましょう。

🚩 やってみよう 得点のチャンスを判断する

◯ ノーマークの味方がいる場合

ボールを持っている自分よりも前(相手ゴールの近く)にノーマークの味方がいたら、得点のチャンスです。パスを出しましょう。

✕ 走っている味方にディフェンスが適切についている場合

前を走る味方の近くにディフェンスがいて、得点できる可能性が低いと判断したら、無理にパスする必要はありません。

◯ ディフェンスがボールを見ずにマークマンだけを見ている場合
(ボールマンに背中を見せている場合)

ディフェンスがマークマン(前を走っている味方)だけを見ている場合、すなわち、ボールを見ていない状態であれば、得点のチャンスです。ディフェンスは、突然飛んできたボールに対し、適切には守れないでしょう。

A 正しい持ち方はありません

昔は、ボールを両手で押し出すチェストパスが、パスの基本と言われていました。しかし、現在は、チャンスを見つけたら、そこに素早く正確にボールを届けるのが、パスの基本と考えられています。ボールを持つことなく、パスしたほうがいい場合もあります。ドリブルしながら、床から跳ね返ってきたボールをそのまま手で押し出すようにしてパスするやり方です。

昔の基本はチェストパス

▶ やってみよう

基本はワンハンドプッシュパス

現在のバスケットボールにおける基本のパスとして、ERUTLUCが推奨しているのは、ワンハンドプッシュパス（一方の手でボールを押し出すパス）です。ドリブルからでも、ボールを持っている状態からでも、素早くパスすることができます。素早いパスを行えるように、P66のドリルで、パスに慣れましょう。

やってみよう マシンガンパスドリル

　試合中は、「しっかりとキャッチして、正確にパスしよう」などと考えている時間はありません。素早い動作が必要なこのドリルにより、キャッチが少しくらい乱れても、正確なパスをすぐに出せるようになりましょう。

66

進め方は、3人一組になり、中央の人が、両サイドからパスを受けます。左の人からパスを受けたら、すぐにリターンパス。右の人は、中央の人が左の人にリターンパスを出すタイミングで、中央の人にパスします。中央の人は、パスを出したら、すぐに次のパスが飛んでくるのでキャッチします。これを繰り返します。

Q 24 パスは何種類ありますか?

A 基本のパスは7種類です

パスの種類は、細かく分けるとたくさんありますが、基本形は次の7つと考えられます。これらとともに、野球のオーバースローのような、ショルダーパスを加えてもいいでしょう。

⚑ やってみよう 7種類の基本パス

①プッシュパス（ワンハンド）
一方の手でボールを押し出すパス（P65）

②フックパス
一方の手をカギ状にしながら、自分の頭越しに出すパス

③サイドパス
手を伸ばし、体の外側の遠くから出すパス

④ビハインドザバックパス
体のうしろ側を通して出すパス

⑤ポケットパス
体の正面を通して出すバウンズパス

⑥ラテラルパス
体の正面から、ボールを持っている側の外に出すパス

⑦オーバーヘッドパス
頭の上から両手で出すパス

！気をつけよう

ディフェンスがいないなら、チェストパスでもいい

　ERUTLUCではワンハンドプッシュパスを推奨しています（P65）が、チェストパスを使ってはいけないわけではありません。ただし、ディフェンスが近いと、体の正面から出すチェストパスは取られてしまうリスクがあることを覚えておきましょう。

Q 25 走っている人に うまくパスできません

A 失敗をこわがらずに、経験を積んでいきます

走っている人に出すパスは、とても難しい技術です。走っている人との距離とその人がパスを受けるタイミング（スピード）を考えた上で、それに合ったパスの速さを一瞬で判断し、正確に実行する必要があるからです。自分とパスを受ける人との間にディフェンスがいたら、さらに難しくなります。

適切な判断を身につけるために、練習中から走っている人に対して、パスをどんどん出しましょう。失敗をこわがってはいけません。いいパスを出せるようになるには、失敗する体験が必要なのです。

🚩 やってみよう スペーシングを意識した「3対0」

 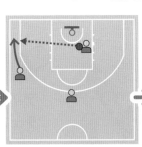 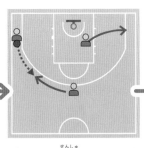

①トップと両ウイングで「3対0」をつくります。ボールは、トップの選手が持ちます。ウイングの選手がゴールに走り込むのに対して、トップの選手はパスを出します

②ウイングの選手に対してパスが出たら、逆サイドのウイングは、コーナーに移動します。走り込む動きでボールを受けた選手は、コーナーにパスを出します

③トップの選手は、ウイングの選手がコーナーに動くと同時に、そのウイングに移動します。コーナーでパスを受けた選手は、ウイングに来た選手にパスを出します。最初に走り込んだ選手は、ボールとは逆のコーナーに移動します

！ 気をつけよう

「1秒後の未来」を予測する

前に向かって走っている人に対し、その人がスピードをゆるめたり、逆方向に戻らなければならなかったりするパスを出すと、得点のチャンスを逃します。走っている人の「1秒後の未来」を予測し、未来に向けたパスを出しましょう。

ワンポイントアドバイス ゆるいパスを前に出して、追いつかせよう

初級者などで、走っている人へのパスがどうしてもうまくいかない場合は、走っている人の前に、ふわりとしたゆるいパスを出すといいでしょう。キャッチする人が、自分が取りやすいように走って行けるからです。ただし、そういうパスは、ディフェンスに奪われる危険性があります。

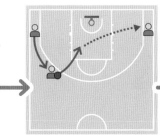

④ウイングでパスを受けた選手が、ドライブを行います。ドライブした選手は、逆サイドのコーナーに移動した選手にパスを出します

⑤パスを受けた選手がコーナーから、シュートを打ちます。移動したチームメートに的確なパスを出せるようになるまで、しっかりと練習しましょう

Q26 どうすれば味方と息を合わせられますか?

味方と息を合わせるには、同じ絵を思い描くことが大切になります。シュートなのかパスなのか、パスだとして、ストレートパスなのかバウンズパスなのか、そのイメージを共有し、頭の中で同じ絵を思い描くことが重要です。

その際は、レシーバー（パスの受け手）のディフェンスを見ることが、ポイントになります。ボールマンとレシーバーが、レシーバーのディフェンスの動き、姿勢、目線などを見ながら、それぞれの次の動作を判断すれば、息が合うようになります。

レシーバーのディフェンスを見る

レシーバーのディフェンスがボールだけを見ている

ヘルプに来なかったらゴールへ

レシーバーのディフェンスがボールを見ていない

Ⓐ ディフェンスを見ながら、同じ絵を思い描きます

やってみよう ペネトレイトパス

第4章 バスケットボールの基本スキル パス編

3人一組で「2対1」をつくります。ボールを持っている選手は、ディフェンス役をかわし、パートナーにパスを出します。ディフェンスの手が下がっていたら頭の横を通すような、手が上がっていたら足元を通すようなパスを出すといいでしょう。ボールマンは、パスを出したら、ディフェンス役になり、レシーバーのところに守りに行きます。最初にディフェンスだった人が、次のレシーバーになります。これを繰り返します。

ディフェンスの頭の横を通す

ディフェンスの足元を通す

73

Q27 練習だと成功するパスが試合では守られるのですが

A 試合により近い状態で普段の練習を行います

まずは、ディフェンスをつけたパス練習を行いましょう。それでも、試合になると守られるのであれば、普段の練習におけるディフェンスの強度（激しさ、厳しさ）が試合にお

ける強度よりも弱いことが考えられます。試合で相手チームがやってくるような激しいディフェンスを練習でも行い、その状況でパスを出す練習をしましょう。

試合でのハードなディフェンス

パスを出せない

実際の試合で激しいディフェンスをされると、パスを出せないこともある

練習であっても、
ゆるいディフェンスをしてはいけない

フワ〜

通ったからいいや

ココが大事！

練習した技術を試合で発揮するために

　なぜ、練習するのでしょうか？　練習した技術を試合で発揮するためです。

　ディフェンスに邪魔されても練習した技術を発揮するには、試合以上に厳しく邪魔するディフェンスを相手に練習する必要があります。激しくプレーしてくれる相手は、自分たちがよりよくなるための最高のギフトになります。そのためにはまず自分から激しくプレーして最高のギフトを相手にプレゼントしましょう。

やってみよう

キックアウトパス

　3人一組になり、「2対1」をつくります。ディフェンスは、ボールを持っていない選手を守るポジションに立ち、好きなタイミングで、ボールマンを守りに出ていきます。ボールマンは、出てきたディフェンスにカットされないようにしながら、味方のオフェンスにパスを出します。

コラム④

成功の可能性を高める「心理的安全性」

　失敗とミスは違います。練習でできるようになったことを試合でやろうとしてうまくいかなかったのが失敗。できるのに、途中の動作をサボったり、不注意でうまくいかなかったりするのがミスです。そして、失敗したことがうまくできるようになったら、それが成長です。

　ここで練習通りに通せたら、2点取れる、そう思って出したパスが相手に止められた、つまり、失敗したとします。その際に、「どうして、うまくできなかったのだろうか？　次はこうしてみよう」と考えることができれば、上達します。

　一方で、確実に通せるところにしかパスしない、チャンスだと思っても失敗してはいけないと考えてパスしないようであれば、なかなか上達しません。失敗した際に、「どうして、そんなパスを出すんだ？」などと、コーチやチームメートから怒られたとします。次に失敗したら、また怒られるのではないかとおそれるあまりに、確実に通せるところにしかパスしないようであれば、これも、上達を見込めません。

　積極的に狙ったプレーに対しては、たとえ失敗しても、「ナイスチャレンジ」とたたえ合いましょう。そうすれば、失敗した場合に、反省しつつも、次はうまくいくと思ってプレーするため、次のチャンスで成功する可能性が高まります。これを「心理的安全性」と言います。ただし、失敗してもいいのだと、いいかげんなパスを出して通らなかったら、それはミスです。

　選手もコーチも、失敗とミスを切り分けて考えるようにしましょう。

失敗したとしても、チャレンジをたたえ合う

第5章

バスケットボールの基本スキル

ディフェンス＆リバウンド編

勝利につながる
大事なプレーです！

あまり好きじゃ
ないんだよな…

ディフェンスについて

Q28 ディフェンスでは何をすればいいですか?

A 大きな目的が、二つあります

ディフェンスの目的は、相手の得点をできるだけ少なくするために、相手のシュートの本数を減らすことと、相手のシュートの成功率を下げること、この二つが挙げられます。そのために何ができるかを頭の中で整理した上で守りましょう。

迷ったら、ゴール近くで相手の得点機会を防ぐ

☝ ココが大事! 優先順位を守り、打たれたらリバウンド

守るべき優先順位を無視する形でボールを奪いに出ていくと、奪えなかった場合にピンチになります。「ゴール、ボール、人」という優先順位を守った上で、ボールを奪いに行きましょう。シュートを打たれたとしたら、ボックスアウト（P87）し、リバウンドを確実に取る（相手にリバウンドを取られない）ことが、大事になります。

やってみよう

まずは、ゴールを守る

ゴールに向かっている相手がいて、誰もゴールを守っていないようなら、その相手が自分のマークマンではなくても、ゴールを守りに行かなければいけません。迷ったら、まずは自陣のゴールを守るために戻りましょう（図①）。ゴール近くでのシュートが、最も失点になりやすいからです。

別の味方がゴール近くを守っていたら、ボールを守りましょう（図②）。ボールがゴールを通過しない限り、失点にならないからです。

ゴールもボールも味方が守っていたら、自分が守るべき相手（マークマン）を守りに行きます（図③）。

ゴール、ボールの順番で守っていくので、自分のマークマンを守るのは、優先順位で言うと、3番目になります。

①ゴールを守る

②ボールを守る

③マークマンを守る

Q 29 マークする選手を見失ってしまうのですが

A 自分の今の状態を声に出します

マークマンを見失った場合は、それに早く気づくことが大切です。早く気づくためには、自分の今の状態を声に出すといいでしょう。「マークマン、OK」と言えたら、マークマンが見えていることになりますし、それができないなら、マークマンを見失っている証拠になります。声は、自分の状態を仲間に知らせる意味でも重要です。

マークマン、OK

オフボールディフェンスの基本的なポジショニング

基本

両方見えている

　オフボールマン（ボールを持っていない選手）を守る際の基本的なポジショニングがあります。原則として、ボールマンと自分のマークマンの両方が見える位置に立ちます。ボールが飛んできたら、オフェンスに対して、ワンアーム（腕1本分の距離）で守れる位置に移動します。それが、チームディフェンスの基本とされています。

第5章 バスケットボールの基本スキル　ディフェンス&リバウンド編

✕ ボールマンしか見えていない

✕ マークマンしか見えていない

ボールマンに抜かれたらどうすればいいですか?

抜かれてもあきらめずに追いかける

✕ 抜かれっぱなしだと…

✕ 攻めるスペースをオフェンスに与えてしまう

A 最後まで追いかけます

抜かれたとしても、原則的には追いかけます。シュートを止めることが大切だからです。味方がヘルプディフェンスをしてくれる場合でも同じです。まずは追いかけた上で、マークを受け渡すことになったら、チームで決められたルールにしたがって動きます。この動きをローテーションと言います。

☝ **ココが大事！**

危険性の高低を
判断できるようになっておこう

　ヘルプに行くと、自分がマークしていた相手はノーマークになります。ですから、ボールマンを守るディフェンスが抜かれていない場合は、ヘルプに行かない判断を下すことも必要。すべてヘルプに行くような、安易なディフェンスは禁物です。危険性の高低を判断できるようになりましょう。

📝 **メモ　抜かれたらローテーション**

　プロなどの高いレベルになると、抜かれた瞬間から、チームディフェンスが始まります。抜かれた選手は、いつまでも追いかけたりはしません。ボールマンをヘルプディフェンスに任せ、すぐにローテーションを始めます。そうしなければ守れないほど、プロのパス回しは速いのです。

第**5**章　バスケットボールの基本スキル　ディフェンス&リバウンド編

83

Q 31 どうすればファウルせずに ボールを奪えますか?

A 相手の動きを止めてから、 ボールに触りに行きます

動いている相手に接触して、相手の動きに影響が見えた場合、ファウルをとられます。相手が動いている間は、積極的には手を出さず、先にポジションに入ることを意識し、相手の動きを止めます。相手の動きが止まれば、ボールを奪うチャンス。そうなったら、積極的にボールに触りに行きましょう。

🚩 やってみよう ボディーアップ (良い例と悪い例)

ディフェンスにおいては、オフェンスよりも先に自分のポジションを確保し(先回り)、オフェンスの動きを体の正面で受け止めることが大切です。これをボディーアップと言います。ボディーアップする際は、接触によって姿勢が崩れないようにしましょう。姿勢が崩れると、抜くチャンスをオフェンスに与えてしまいます。

! 気をつけよう

ボールが相手の手から離れているときに

相手がボールを持っている場合はもちろんのこと、ドリブルにおいても、ボールが相手の手についている際に奪いに行くと、ファウルになりやすいと言えます。ボールを持っているとはボールをコントロールした状態であり、そこから動いたり、かわしたりできます。ボールを奪いに行くのは、ボールが相手の手から離れているときにします。

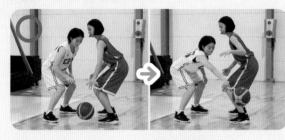

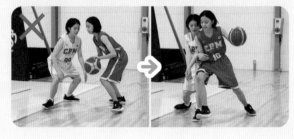

ボールとの間合い

腕1本分の間合い（ワンアーム）で守っていると、ボールが相手の手から離れたときに、素早く奪うことができます。しかし、相手から遠い位置で守っていると、ボールが相手の手から離れた場合でも、間合いを詰める間にボールを守られ、ファウルになりやすいと言えます。

ワンアームの間合い

遠い間合い

Q 32 気持ちが入りすぎて ファウルをよく犯します

A 気持ちの入れ方を 見直しましょう

やってやるという気持ちが高ぶりすぎると、相手を見ずに、自分がやりたいことばかりに気持ちが向きやすくなります。すると、ファウルを犯してしまう可能性が高まります。

相手を苦しませるだけでも成功と考えましょう。バスケットボールにおけるいい集中とは、意識を自分の内側ではなく、むしろ外側に広げながら、相手をよく見た上で、相手を苦しめることと言えます。

ワンポイントアドバイス ファウルを学びの一つとしてとらえる

ファウルはしないほうがいいものですが、積極的に守ろうとしてファウルになるのはよくあることです。その際は、「ここで手を出したら、ファウルになるんだな。勉強になった。次はしないようにしよう」と考えます。ファウルをダメなものとしてではなく、学びの一つとしてとらえるのです。同じファウルを繰り返さないように心がけることが重要です。

Q33 「リバウンドを制する者はゲームを制する」のですか?

A チャンスを増やせますし、ピンチを減らせます

相手よりも多くのシュートを打ち、そして、シュートの成功率を上げることが、勝つための原則です。たとえ外しても、オフェンスリバウンドを取れれば、攻撃を続行できるので、シュートの本数が増えます。また、リバウンドの競り合いはゴール近くで行われることが多いので、リバウンドを取ってそのままシュートを打

てれば、ゴールに近い分だけ、シュートの成功率が上がります。

ディフェンスリバウンドはその逆で、リバウンドを取れれば、相手に打たれるシュートが増えずに済みますし、成功率の高いシュートを打たれずに済みます。

リバウンドを取る回数が多ければ、それだけ勝利に近づくわけです。

🚩 やってみよう ボックスアウト

リバウンドの競り合いで大切なのは、相手にいいポジションをとらせないことです。そのためには、ボックスアウトと言われる動きによって、相手をゴールに近づけさせないことが重要です。

相手に体をぶつけ、動きを止める

動きを止めないと、リバウンドを取られてしまう

Q 34 リバウンドを多く取るポイントは何ですか？

A 予測と準備と反応です

リバウンドを取るために大切なのは、ボールがどこに落ちるかを「予測」した上で、そこに相手を行かせないように「準備」し、ボールがリングに跳ねたら、落ちる方向に素早く「反応」することです。

リバウンドが落ちやすいのは？

シュートを打ったところ

リバウンドが落ちやすいところ

リバウンドはシュートを打った場所の反対側に落ちやすいと言われます。また、遠くから打ったシュートは遠くに落ちやすく、近くから打ったシュートは近くに落ちやすいとも言われます。絶対ではありませんが、覚えておくといいでしょう。

🚩 やってみよう シュート練習はリバウンド練習

　よくある二人一組のシューティングをする際、シューターのパートナーは、ゴール下でリバウンドを取ることが多いと思います。シューターのパートナーとしては、シュートの軌道を見ながら、ボールがどこに落ちるかを予測し、ボールを床に落とさないようにするといいでしょう。それだけで、リバウンドを予測する練習になります。つまり、シュート練習は、リバウンド練習にもなるのです。

　シュートを打っていない選手は、その時間をうまく利用するようにしましょう。

どこに落ちるんだろう？

📓 知ってる？ リバウンドに関する名言

　リバウンドに関する名言は、「リバウンドを制する者はゲームを制する」（P87）以外にもあります。その一つが、「リバウンドを取る者は、誰よりも背が高い選手でも、誰よりも高く跳べる選手でもない。リバウンドを取る者は、誰よりも早くボールにたどりつく者だ」（ジム・ブランデンバーグ）です。

　例えば、背が低くても、ボールへの反応が速ければ、リバウンドを取ることができます。

Q35 ジャンプ力を上げるにはどうすればいいですか？

A たくさん跳びましょう

ジャンプ力は、成長とともに筋力が増せば上がります。加えて、高く跳ぶには、そのために必要な動作があります。

しかし、最も大事なのは、その日の最大パワーで跳ぶことです。それを繰り返していると、ジャンプ力が上がると考えます。

知ってる？ 忍者のジャンプ力養成法

漫画やドラマなどでおなじみの忍者は、成長が早い苗木を植え、どんどん成長していくその木を日々跳び越えていたそうです。そうやって、ジャンプ力を養ったと聞きました。

本当かどうかはわかりませんが、本質を突いているエピソードです。ジャンプ力を向上させるには、その日の最大の力で跳び続け、その力を毎日少しずつでもつけていくことが大事だと考えます。

やってみよう　スクワット動作

○

　スクワット動作とは、足首の関節、ヒザの関節、股関節の３つを同じタイミングと同じくらいの程度で、曲げ伸ばしする動作です。３つの関節を同じタイミングで使うことにより、跳ぶための大きな力を生み出します。

　そこに、両腕を振り下ろす動きを加え、その反動を使うことにより、跳ぶ力をさらに大きくします。ただし、腕の動きが大きくなりすぎると、動作全体に時間がかかってしまいます。それがリバウンドの際だと、ボールに到達するまでの時間が長くなることが考えられます。

腕を使わずに跳ぼうとすると、跳ぶ力が大きくならない

91

リバウンドに行く習慣をつける

　リバウンドは、大事だとわかっていても、ついついサボりがちなプレーです。なぜリバウンドに行く習慣をつけられないのでしょうか？　その一因として、練習の際に、シュートを打ったところでメニューを終えていることが考えられます。

　シュートが入ったにしても入らなかったにしても、そこで終えてしまうと、オフェンスは、リバウンドに積極的に行くようにはなりません。そうなると、ディフェンスは、形だけのボックスアウト（P87）になったり、あるいはそれさえも行わず、落ちてきたボールを取って終わりというパターンになります。それは、リバウンドに行かなくてもいいことを習慣化している練習です。

　そうならないように、オフェンス側は、シュートが決まっても決まらなくても、リバウンドを取ったら、連続してオフェンスできるというルール設定で練習します。その設定であれば、シュートが決まってもさらに決めようとしますし、決まらなかったら、リバウンドを積極的に取りに行き、再度攻めようとします。ディフェンス側も、ボックスアウトしてリバウンドを取らなければ、オフェンスの練習ができません。ですから、オフェンス側もディフェンス側も、リバウンドに対する意識が高まるはずです。
「飛び込んでリバウンドを取れば、得点のチャンスが増える」、「ボックスアウトすれば、リバウンドを取れて、速攻を出せる」といった積極的な意識を自ら持つことが、向上のカギになります。

リバウンドが取れれば大きなチャンスになる

第6章
バスケットボールの ための心と体づくり

うまくなるためには、
強い心と体は
欠かせません

うまくなる方法は、
技術以外にも
あるのかな？

Q 36 メンタルとマインドの違いは何ですか?

A メンタルは心の状態、マインドは心の向きです

メンタルとマインドの意味に、大きな差はありません。ただし、細かく見ると、違いがあります。

メンタルとは、気分が乗っているときや落ちているときなどの「心の状態」のことです。いいときもあれば、悪いときもあります。

マインドとは、心の状態がどんな場合でも、その際に自分がどちらを向くのかを示すものです。例えば、心の状態がよくないときに、「ダメだ」とさらに閉じこもるのか、「今回はダメだったが、次はできる」と前を向くのか、それがマインドです。

自分の心をどの方向に向けたいのかをしっかりと持っておくといいでしょう。心の向きをしっかりと持っておくことをマインドセットと言います。

メンタル

マインド

前向きな心　　　　閉じこもりがちな心

ココが大事！ メンタルが強いと、前向きに切り替えられる

メンタルやマインドは、なぜ大事なのでしょうか？　メンタルが強いと言われる人は、失敗やミスが起こった場合に、マインドをすぐに前向きに切り替えられるからです。失敗やミスは、スポーツにつきものです。気持ちを素早く切り替え、自分（たち）のプレーを取り戻せば、勝利に近づけます。

Q 37 メンタルを鍛えるにはどうすればいいですか?

A 鍛えるのではなく、整えるものです

多くのスポーツ選手は体を鍛えます。しかし、体を鍛えたとしても、メンタルまで一緒に鍛えられるわけではありません。「メンタルトレーニング」という言葉があるので、メンタルは鍛えるものと思われがちで

すが、そうではなく、整えるものと考えます。いいときと悪いときで波がある心をできるだけいい状態にキープできるように整えていく。それがメンタルトレーニングです。

🚩 **やってみよう**

サイキングアップ

試合当日に、心の状態がなかなか上がらないことがあります。そんな場合は、例えば、ウオーミングアップの際にわざと大きな声を出したり、自分の体をたたいたりして、気持ちを高ぶらせます。これをサイキングアップと言います。

大きな声を出す

ほおなどを叩く

📝 **メモ** ✏️ **ハカもサイキングアップ**

ラグビーのニュージーランド代表が試合前に相手チームに向かって行う「ハカ」という民族舞踊は世界的に知られていますが、バスケットボールのニュージーランド代表も、同様に踊ります。実は、ハカもサイキングアップの一例で、試合前にそれを踊ることにより、心を戦う状態へと引き上げているのです。

Q 38 ミスから切り替えるにはどうすればいいですか?

A そんなときこそ、仲間を助けます

ミスすると、自分の世界、ミスしてしまった世界へと落ち込みがちです。そんなときこそ、仲間を助けるプレーをするように心がけます。仲間を助けようと考え、それを実行することにより、自分のミスから気持ちを切り替えることができます。

ミスしてしまった場合

○ プレーで仲間を助ける

ディフェンスで取り戻そう!

✕ 落ち込んでしまう

メモ 「心技体」をバランスよく

「心技体」という言葉がありますが、これは、文字通り、心、技術、体力のことです。この3つがバランスよく整っている選手ほど、強い選手と言われます。
技術だけでも、体力だけでも、技術と体力だけでも、強い選手にはなれません。技術や体力と同じように、心も整えていきましょう。

Q 39 練習でやる気が出ないのですが

A まずは動いてみます

やる気の大きさは、脳にあるドーパミンという物質に関係するといわれています。そのドーパミンは、手足を動かすと分泌されます。例えば、掃除をしたくないと思っても、とりあえず机の上だけでもと片づけ始めると、隣にある本棚も掃除したくなったり、その横にある棚まで掃除したくなったりするものです。そんな経験をしたことはありませんか？

やる気が出ない場合は、練習着に着替え、バッシュの紐を結んで、体育館に入るだけでもかまいません。まずは、体を動かすところから始めてみましょう。

バッシュの紐を結んでみるところから始めよう

メモ 「5秒以上経過する前に行動しよう」

バッシュを履く行為はやる気を促す最初の行動になり得ますが、本当にやる気がない場合は、起き上がることすらも面倒に感じます。ですから、初歩中の初歩である、起き上がることをまずはやってみましょう。

やらなければいけないと思ってから5秒以上経つと、やらなくてもいい理由を脳があれこれと探し、非常ブレーキをかけてしまいます。モチベーションについて著書を出した、アメリカのメル・ロビンス氏は、「非常ブレーキがかかる前、すなわち、5秒以上経過する前に行動しよう」と「5秒ルール」を提唱しています。

Q40 モヤモヤしているときはどうすればいいですか?

A 何かしらの行動に出ます

　問題が起こると、いろいろな気持ちが重なります。モヤモヤしているそんなときは、何かしらの行動に出ましょう。

　仮にそれで解決に至らなくても、行動したことが、モヤモヤしていたストレスを軽減させます。そこから、新しい発想が生まれるかもしれません。これは、Amazonの創始者であるジェフ・ベゾスさんの考え方です。

どうしたらいいんだろう?

私はこう思うけど、どう思う?

悩みを相談するのも行動の一つ

▶ やってみよう

バスケットボールノートに気持ちを書く

　整理されていないモヤモヤした気持ちは、バスケットボールノートに言葉で書いてみるといいでしょう。

　バスケットボールノートの本来の狙いは、その日の練習や大事なポイントなどをいつでも思い出せるように記しておくことです。しかし、モヤモヤした思いをノートに書いたりすることで、気持ちを頭の外に出すと、スッキリできる場合があります。

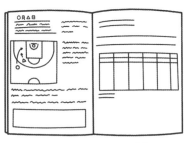

バスケットボールノートで気持ちを整理する

Q41 ぎこちない動きを直したいのですが

A 一定のリズムによる動きを身につけます

　動きがぎこちなくなる選手の多くは、スキップなどの一定のリズムによる運動が苦手なようです。まずは、一定のリズムによる動きができるようにします。次に、そのリズムに新たな動きを加える、つまり、複数の動きを同時に行うカップリングの能力を高めていきます。

🚩 やってみよう **カップリングの能力を高める**

（スキップ）スキップしながら、体の前後で交互に手拍子をします。

99

足と手を異なるリズムで動かしてみましょう。

リズムパターン①

足を「グー、グー、パー」の3拍子で動かす。その際、手を「通常のドリブル、フロントチェンジ」の2拍子で動かす

(!) 気をつけよう

いろいろなスポーツやいろいろな運動をやる

　小さい頃からバスケットボールばかりをやってきた人は、バスケットボールの動きは上手かもしれません。しかし、ほかのスポーツやほかの運動をやると、動きがぎこちなくなることがあります。

　同じ動作ばかりを繰り返すと、その動作で使われる筋肉や骨格だけが動くため、将来的にケガしやすい体になる可能性もあります。小中学生の時期は、いろいろなスポーツやいろいろな運動をやっておきましょう。

リズムパターン②

足を「グー、パー」の2拍子で動かす。その際、手を「通常のドリブル、通常のドリブル（ドリブル2回）、フロントチェンジ」の3拍子で動かす

Q42 プレー中の姿勢の悪さを直したいのですが

A 日常生活から姿勢を整えます

いくらいい姿勢で練習していても、日常の姿勢が悪いと、プレーの姿勢に悪い影響が出ます。練習時間は、たいていの場合2時間程度です。1日は24時間ですので、それ以外の22時間の姿勢にも注意しましょう。

良い姿勢

悪い姿勢

👆 ココが大事！ バスケットボールにおける重要な姿勢

パワーポジションは、バスケットボールにおける重要な姿勢です。まずは、足を開いて立ち、重心を下げます。そして、右写真のようにチームメートに押してもらいます。その際に、最も踏ん張れる姿勢がパワーポジション。適切な姿勢をとると、少し押されたくらいでは、びくともしません。姿勢は、それくらい大事なものです。

パワーポジション

姿勢が悪いと、すぐに崩れる

🚩 やってみよう キャット＆ドッグ

良い姿勢をとるには、体を思い通りに動かせる必要があります。「キャット＆ドッグ」はそのエクササイズの一つです。床に手とヒザをつきます。背中を丸めたり、背中を反らしたりする姿勢をとり、胸椎を動かします。

伸展 ⟷ **屈曲**

103

Q 43 もっとキレがある動きを したいのですが

A 脱力することが、 ポイントになります

キレがある動きをするには、脱力できるかどうか、つまり、力が入った状態から力を抜けるかどうかが、ポイントになります。力を抜いた上で、進む方向とは逆へと小さく動いてから、本来進みたい方向へと動くと、キレがある動きになります。

比江島慎選手（宇都宮ブレックス／右）の「1対1」

やってみよう

緩急をつけた動きで、ディフェンスを抜く

「1対1」で抜く直前に、力を抜いておきます。ディフェンスの動きに応じて、素早く動ける状態にしておくわけです。

| 普通 | | ゆっくり | | 一気に加速 |

104

体と動きについて

Q 44 ケガを少なくするにはどうすればいいですか?

A 体にとって適切な動きをします

第6章 バスケットボールのための心と体づくり

ケガを少なくするには、体にとって適切な動きが思い通りにできるようになることが大切です。

P106、107のエクササイズやテストをケガの予防やケガからの復帰のために活用しましょう。

(!) 気をつけよう

体を適切に動かせるように

代償運動というものがあります。例えば、腰を動かさなくてもできる動きの際に腰を動かすことが、それにあたります。本来は使わなくてもいいはずの腰の動きで、動きの一部をカバーしているわけです。

その分、腰の動く回数が増え、それが、腰を痛める原因になります。体を適切に動かせるようにしましょう。

○ ×

メモ

ケガを引き起こす関節の動き

関節には「多く動いたほうがいい関節」と「安定したほうがいい関節」があり、それが、交互に並んでいます。安定したほうがいい関節が動きすぎると、ケガを引き起こしやすくなります。

多く動いたほうがいいところ	安定したほうがいいところ
頚椎上部	頚椎下部
肩関節	肩甲胸郭関節
胸椎	腰椎
股関節	膝関節
足関節	足
第一中足趾関節	

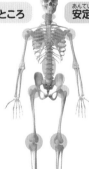

105

やってみよう1　エクササイズ

胸椎周りを動かすエクササイズ

床に手とヒザをついた姿勢から、両手を前に伸ばしていきます。下半身はそのままで、胸を床につけるようにして動かします。息を止めずに、呼吸しながら行います。

腰椎を安定させるエクササイズ

腕立て伏せの姿勢になり、その姿勢を崩さないようにしながら、一方の手で、反対側の肩をタッチします。1秒間触り続けたあと、もとの位置に戻ります。

股関節を動かすエクササイズ

足を前後に開き、うしろ足のヒザを床から離します。頭からかかとまでを一直線にした状態から、前足側のヒジを床につけます。

106

🚩 やってみよう2 足首のねんざからの復帰

バスケットボールで最も多いケガの一つが足首のねんざです。ねんざをしたら、まずは病院で診察してもらい、腫れが引くまでは安静にしましょう。その後、リハビリを行います。つま先をタッチするエクササイズをしても、足首が痛くないくらいまで回復したら、それが、練習復帰の目安になります。

Yバランステスト

一方の足で立ちます。体の前後に置いたものを、上げたほうの足でどこまでタッチできるかをチェックします。ねんざしていた足をそうでない足と同じくらいまで伸ばせたら、復帰をしてもかまいません。

3ホップテスト

一方の足で、大きく3歩「ケンケン」します。両足とも行い、一歩の長さの差が左右で50センチ以上あったら、まだプレーできる状態ではないと判断します。

Q 45 腕立て伏せができないのですが

A まずは、簡単な方法でやってみます

腕立て伏せがうまくできないのは、人間の骨の中で重いとされる骨盤（腰からお尻あたりの骨）を上げられないことが多いからです。

うまくできない場合は、二人一組になり、サポート役が腕立て伏せを行う人の腰あたりを少し持ち上げるようにして練習します。また、足のつま先を床につけるやり方ではなく、ヒザ立ちでやると、やりやすくなります。まずは、簡単な方法でやってみます。

🚩 やってみよう1 パートナーとの腕立て伏せ

二人一組になり、一人が腕立て伏せをします。パートナーは腕立て伏せをする人をまたぐように立ち、両手を腰あたりに添えます。上がってくる際に苦しそうだったら、腰あたりを支えてあげます。

メモ ✏️ なぜ、腕立て伏せをするのか？

腕立て伏せをやっておくと、シュートやパスといったボールを押す動作の際に、力を発揮しやすくなるからです。

▶ やってみよう2　自分に合った腕立て伏せ

ヒザ立ち

　普通の腕立て伏せが難しければ、両ヒザを床につけた状態で、腕立て伏せを行います。

机や椅子を使う

　ヒザ立ちの腕立て伏せより簡単な方法は、机や椅子に手を置いた状態で、腕立て伏せを行います。机や椅子の高さを低くすると、難易度が上がっていきます。机や椅子は倒れないように注意しましょう。

壁腕立て

　机や椅子を使うより簡単な方法は、壁に両手をつけて、立った状態で腕立て伏せを行います。

コラム❻

「成長マインドセット」を身につける

マインドセット（P94）は、「成長マインドセット」と「かちこち（＝固定的）マインドセット」に分けられます。前者は、「自分の才能や能力は、経験や努力によって、どんなときでも成長できる」とするしなやかな考え方です。後者は、「自分の才能や能力は、努力しても成長しない」とする固定的な考え方です。

練習でうまくいかなかったり、試合で負けたり、先生や親に強く注意されたり、友だちとケンカしたりした際は、自分をつい否定し、どんなに努力しても才能がある人にはかなわないと思ってしまうかもしれません。一方、そういう場面で、「失敗したけど、負けたけど、注意されたけど、これをいい経験にしよう、成長のステップにしよう」と前向きにとらえられる人がいます。

その違いを「性格だからどうにもならない」とあきらめてはいけません。努力しても仕方がないというマインドセットの人であっても、どんなときでも成長できると考える成長マインドセットを持つことができるのです。

そうなるためのポイントが、3つあります。①自分の人格（性格）を否定しないこと、②失敗した場合にどうすれば成功できるかを同時に考えること、③結果ではなく、それまでの過程を認めることです。この考え方で成長マインドセットを身につけ、どんなときでも成長し続ける選手になりましょう。

NBAのスターのような才能を持つ選手たちも、地道な努力で成長を続けてきた

第7章
バスケットボールの試合に出てみよう

試合の前後にも、やるべきことがあります！

試合が近づいてきた。ドキドキする・・・

試合前について

Q 46 試合当日の食事はいつ摂ればいいですか?

ウオーミングアップ開始の3時間前までに食べ終えておくのが理想ですが、遅くとも試合開始の2時間以上前には摂るようにしてください。

主なエネルギー源になる炭水化物が消化するまでに、2時間くらいかかるとされているからです。

消化がいいものは?

炭水化物で消化がいいものは、ごはん、おにぎり、うどん、パスタです。おかずとしては、焼き魚、バンバンジーなどの脂っぽくない肉がいいでしょう。試合開始まで1時間を切ってから食べる場合は、ゼリー系飲料やバナナなどにしてください。

ごはんやおにぎり

うどんやパスタ

焼き魚

バンバンジー

ゼリー系飲料やバナナ

ENERGY DRINK

A 遅くとも、試合の2時間以上前には食べておきます

⚠ 気をつけよう

8時間程度の睡眠を確保したい

　試合の3時間前に食べ終えようとすることで睡眠時間が少なくなるのは問題です。少なくとも、8時間程度の睡眠を確保したいところです。

⚠ 気をつけよう

「勝つ」ためのトンカツはダメ

　脂質を多く含む肉料理や油を多く使う揚げ物などは、消化するのに5時間くらいかかるとされます。ですから、「勝つ」ためのゲン担ぎとして、試合前のご飯でトンカツを食べるのはダメ。胃の中に血液が溜まった状態でプレーすることになり、パフォーマンスの低下を引き起こします。

📝 メモ 自分の体質や体調をよく知っておく

　試合時間まで1時間を切った場合は、ゼリー系飲料やバナナなどを推奨していますが、それはあくまでも例です。
　おにぎりやお弁当などを食べてもいいプレーができるのであれば、気にせずに食べてもいいでしょう。自分の体質や体調を自分自身でよく知っておくことが大切です。

Q47 試合前にやっておくことを教えてください

A 心拍数を一度上げます

試合前に、1分間に180回を超えるくらいまで心拍数を上げます。その回数が、バスケットボールの試合における最大心拍数とされているからです。

ただし、それを試合直前にやると、試合までに回復できません。試合開始の1時間前から30分前くらいに、心拍数を一度上げて慣れておきましょう。

! 気をつけよう

静的ストレッチは、試合前には不向き

床に寝転んで太ももの前をじっくりと伸ばすなどの静的ストレッチを試合前に行うと、試合におけるパフォーマンスが落ちるという研究結果があります。本来はギュッと締まるように刺激したい筋肉が、静的ストレッチによってゆるんでしまうからです。静的ストレッチは、試合前には不向きなのです。

▶ やってみよう

前の試合のハーフタイムまでに 上げておく

　朝一番の試合ならコートを使えますが、２試合目以降の出番だと、ウオーミングアップが会場内の狭いスペースや会場外でしかできないことがあります。そういう状況であっても、前の試合のハーフタイムまでに、バービーと言われる運動やダッシュなどで心拍数を一度上げておきましょう。

バービー

① ② ③ ④

直立の姿勢から、①しゃがみ込み、両手を床につける。②手で体重を支えながら足を伸ばし、腕立て伏せの構えをする。③両足をそろえて、④ジャンプをしながら頭上で手を叩く。再度しゃがみ込み、一連の動きを心拍数が上がるまで繰り返す

ダッシュ

心拍数が上がるのを感じるくらいまで、 全力で走る

Q48 試合前の緊張や不安への対処法を教えてください

A 静めるもよし、乗り越えるもよしです

適度な緊張や不安は、マイナスにはなりません。試合でマイナスになりやすいのは、緊張しすぎたり、不安になりすぎたりすることです。そういう場合は、深呼吸などの呼吸法によってリラックスします。

一方で、緊張や不安を乗り越えることにチャレンジするのもありでしょう。緊張や不安をあえて抱えたまプレーするのです。それがうまくいけば、緊張や不安を乗り越えた成功体験になります。

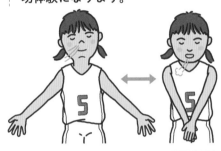

知ってる？ 目の前の試合に立ち向かう

緊張や不安は、まだ起こってもいない未来に対して、勝てないのではないかとネガティブに想像すること、思い通りにいかなかった過去の試合や練習に対して、心配になることなどから生じます。

チーターなどの肉食動物は、緊張しない生き物と言われます。彼らは、目の前に獲物がいれば、狩りに行きます。未来や過去ではなく、目の前にある現在のことだけを考えます。スポーツ選手も、未来や過去を考えるのではなく、目の前の試合に立ち向かうべきなのです。

メモ 状況に応じたプレーをしようと考える

いい結果を残そうと試合前から考えると、緊張してしまいます。シュートを決めようなどと意識することがこれにあたりますが、そうではなく、状況に応じたプレーをしようと考えれば、相手を含めた周りに目が向き、集中したプレーができます。

Q49 一度ミスすると 続けてミスしてしまいます

A 大丈夫です。 それも、いい勉強です

一度ミスすると、怒られるのではないか、ベンチに下げられるのではないかと不安になり、その不安が、次のミスを生んでしまいます。バスケットボールは相手が妨害してくるスポーツなので、うまくいかないことのほうが多いのだと考えてください。

ミスした際に、「いい勉強になった。次は頑張ろう」と前向きになれれば、連続ミスは減ります。

メモ 一度のミスに必要以上に反応しない

ミスすると、ベンチに下げられたり、周囲からいろいろと言われたりすることがありますが、それに必要以上に反応しないようにしましょう。必要以上に反応すると、不安が生じ、その不安のせいで、連続ミスを犯しやすくなります。

コーチや保護者などの大人も、一度のミスに必要以上に反応しないようにしましょう。それが、選手たちの連続ミスを生まないための一つの方法になります。

117

Q50 限られた時間の中でいいプレーをしたいです

A 求められていることを理解してプレーする

限られた時間の中でいいプレーをするには、まずは、自分がチーム（コーチ）に求められていることを理解しなければいけません。チームメート（自分以外の4人）のために何ができて、何ができないかを考えましょう。そして、自分の役割を見つけた上で、一つひとつのプレーに集中してください。

ワンポイントアドバイス 前向きに考えると、いいプレーを出しやすい

スタメンなどの主力メンバーは20分から30分ほどプレーするのに、自分は残り2、3分しか出られないという選手がいます。でも、実はその2、3分で結果を残すほうが難しいのです。そんなときは、難しいクイズを解きにいってやると前向きに考えると、いいプレーを出しやすいでしょう。

⚠ 気をつけよう

思い込みをなくす

出場時間が短いといいプレーができないとの考えは思い込みです。ウオーミングアップを行ってから長い時間が経過して体が冷えたあとだと、プレーの質が、少しは下がるでしょう。しかし、まったく動けないというほどではないはずです。短い時間だから、いいプレーはできないとの思い込みをなくし、短い時間でもできることはあると考えるべきなのです。

試合終了のブザーと同時に、逆転のスリーポイントシュードが決まることもある。短時間でも、全力を尽くそう

🚩 やってみよう 短い時間でのいいプレーを日頃から心がける

チーム事情によって、出場時間が限られてしまいがちな選手は、日頃から、そういう状況を想定して練習に取り組むといいでしょう。例えば、「5対5」のラリーをやる際は、1往復あるいは2往復などの短い時間の中でいいプレーを出すことを心がけるのです。

短時間の中で全力を尽くす練習が、成長につながる

119

Q 51 動きがわからず パニックになるのですが

A まずは、動きを丸暗記します

▶ やってみよう

チームとしての動きにルールがない場合

①ボールから離れる

②代わりにゴールに走り込む

③レスキューする

ドリブルを止められたら助けに戻る

チームとして動きにルールがある場合、その動きを丸暗記することが大切です。例えば、俳優がまず行うのは、セリフを覚えること。すべてのセリフを覚えると、不安にならないので、それでアドリブが出たりするそうです。セリフを覚えずにいい加減なことを言うのは、アドリブではありません。

ミーティングも大事。わからないことについては、積極的に質問しよう

チームとしての動きにルールがない場合、ボールを持っていない選手は、「①ボールから離れる（ボールマンがアタックしやすいようにする）、②自分のディフェンスがレスキューに行った場合は代わりにゴールに走り込む、③ボールマンが困ったらレスキューする」、この3つを順番通りに覚えておきましょう。

ワンポイントアドバイス チームメートに動きを確認する

丸暗記したつもりでも、緊張などで動きがわからなくなったり、パニックになったりすることがあります。ベンチに下がった際やハーフタイムなどに、チームメートに動きを確認した上で、次の出番に備えましょう。

121

Q 52 クールダウンは必要ですか?

A やったほうがいいですが、大きな効果は見込めません

クールダウンは、やったほうがいいでしょう。ただし、小中学生が普通に練習しただけなら、クールダウンを行っても、それほど大きな効果は見込めません。ただし、将来的に高いレベルのアスリートを目指すのであれば、小中学生であっても、練習後にリカバリーする習慣をつけるのは、価値があることです。

1日中練習したり、大会において2、3試合フル出場した場合は、やってください。しかし、そのような無理な練習やプレーは、そもそも避けたほうがいいでしょう。

メモ 交感神経と副交感神経

神経には、活発に動く際に働く交感神経とリラックスする際に働く副交感神経があります。スポーツをやっている間は交感神経が優位になるのですが、スポーツを終えたあと、そのままにしておくと、興奮状態が続き、寝つきが悪くなります。クールダウンを行うと、副交感神経が優位になるので、心身ともにリラックスした上で、翌日を迎えることができるようになります。

トッププレーヤーはアイシング（物理的に冷やすこと）を併用し、徹底したクールダウンを行う

やってみよう 代表的なクールダウン

両足を上げて深呼吸

壁などを使って両足を上げ、その姿勢で深呼吸します。そうすることで足の疲れがとれやすくなります。

テニスボールなどを使ったボールマッサージ

硬式のテニスボールなどを用意し、それを足の裏でコロコロさせます。

チューブを使ったストレッチ

(写真はもも裏ストレッチ)

チューブを用意します。よく使った部位をチューブで引っ張り、ストレッチをじっくりと行います。息を止めないことが大切。呼吸しながら、20〜30秒間、実施します。

Q 53 1日に2試合ある場合の過ごし方を教えてください

A シューズをいったん脱ぎ、できれば、食事を摂ります

1試合目が終わったら、まずは、シューズを脱ぎましょう。脱がないまでも、ヒモをほどき、足に対する圧迫をゆるめます。

次にエネルギー補給を考えますが、2試合目までの時間が、ポイントになります。1、2時間くらいしかないなら、ゼリー系飲料やバナナなどで補給します。弁当で食事を摂る場合は、全部は食べず、半分くらいにしておくといいでしょう。

ワンポイントアドバイス　試合と試合の間隔が長い場合は、睡眠もあり

試合と試合の間隔が5、6時間も空くようなら、その間に睡眠を少し入れて回復を図るのもありでしょう。ただし、起きてから試合までの間に、ある程度の時間が必要になります。体が眠った状態だと、体が動かないからです。

！気をつけよう

体を冷やさない

試合後は、体を冷やさないようにします。汗を処理したり、温かい格好をしたりすることが大切です。2試合とも同じユニフォームを着る場合は、1試合目のあとに干しておきます。可能であれば、インナーは取り替えましょう。

試合後について

Q 54 試合後の夜に家で やるべきことは何ですか?

A 回復に努めることです

スマートフォンやテレビなどが発するブルーライトは脳を興奮状態にし、睡眠の質を下げると言われています。ですから、それらを寝る直前まで見ているのは避けたほうがいいでしょう。体を回復させるには、良質で、なおかつ、十分な時間の睡眠が必要なのです。

また、入浴については、シャワーだけでなく、湯船にゆっくりと浸かって体温を上げることが大切になります。

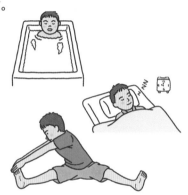

ワンポイントアドバイス 風呂上がりに静的ストレッチ

体の部位をじっくりと伸ばす静的ストレッチは、風呂上がりに行うといいでしょう。試合後のクールダウンよりも、効果があります。各部位を30秒くらいかけてじっくりと伸ばしていくと、リラックス効果と柔軟性の向上をもたらします。

! 気をつけよう

睡眠の質を考え、プレーの向上につなげる

今は、スマートフォンで動画を見たり、ゲームをやったりすることができる時代です。スマートフォンを完全にやめることはできないでしょうが、8時間から10時間の睡眠時間を確保するには、スマートフォンを手にする時間を少なくしたいところです。睡眠の質を普段から考えられると、プレーの向上につながると思います。

コラム❼

試合のつくりを知っておこう

　バスケットボールの試合がどのような構造で行われているかを知っておけば、「この場面でこういうミスしたから、次はここに気をつけて、こうしよう」といった具合に、自分の中で課題を見つけて修正を図ることができます。

　バスケットボールには、4つの要素（図1）と5つの局面（図2）があります。

4つの要素

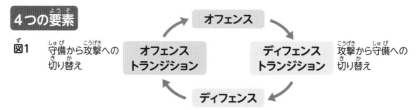

図1　守備から攻撃への切り替え　オフェンストランジション　オフェンス　ディフェンス　ディフェンストランジション　攻撃から守備への切り替え

　オフェンスとディフェンスは、それぞれが独立したものではありません。両者の間には、トランジション（切り替え）という、相手のゴールに向かう局面（オフェンストランジション）と自分たちのゴールに戻る局面（ディフェンストランジション）があります。

5つの局面

図2

トランジション → チャンス → フィニッシュ
↓ ↗ ↓ ↑
クリエイト　　ブレイク

　オフェンスに際しては、ディフェンスでボールを奪ってから進み始めるトランジションがあり、そこでシュートのチャンスが生まれたら、ボールを押し出してフィニッシュします。いわゆる速攻です。

　しかし、ディフェンスが守っていたら、速攻でフィニッシュまで持っていくことはできません。その場合は、ディフェンスを崩すクリエイトを行い、得点のチャンスをつくり出します。ちなみに、クリエイトには、セットプレーなども含まれます。

　チャンスから、そのままフィニッシュまで持っていければいいのですが、ディフェンスは、たいていの場合、ヘルプとローテーションで対応してきます。これが、ブレイクの段階。ボールマンをサポートする動きにより、フィニッシュへと持ち込みます。

126

第8章

楽しくプレーするための環境づくり

保護者やコーチのサポートが必要です！

いつでも気持ちよくプレーしたい！

Q 55 親が口を出していいのはどこまでですか?

A 親の責任になる部分には、口を出します

　ここで重要になるのは「課題の分離」です。課題の分離とは、その課題、つまり、口を出した内容について、誰が最終的な責任を負うのかをきっちりと分けることです。その点を考えた上で、親の責任になると判断した部分には、口を出します。子どもの責任であると判断した部分には、口を出す必要はないと考えます。

　例えば、シュートを落とした子どもに対し、「あんな簡単なシュートを落としたらダメだ」と言ったところで、シュートを決めるかどうかは、子どもの責任です。一方で、人としての考え方を示すのは、親の責任で

す。例えば、「自分が試合に出られないのは、あの子がいるからだ」といった不満を口にする子どもに対しては、「そうじゃないだろう。まずは自分の非を認めて、自分がなりたいものになるために、自分をコントロールしなきゃダメなんじゃないか」などと伝えたほうがいいのです。

○ 人としての考え方を示す　　× 子どもの責任である部分を責める

メモ　選手に考えさせる口出しはいいのかもしれない

　日本代表の経験がある選手のおとうさんの話です。そのおとうさんは、自身もバスケットボールの経験者ですが、中学生になった子どもが試合で負けて帰ってきた場合でも、プレーの内容については一言も話さなかったそうです。ただし、「きょう、おまえが何をしたら、チームを勝たせることができたかな?」という問いかけだけはしていたとのこと。選手に考えさせ、その答えが選手自身に向けられるような口出しはいいのかもしれません。

関係性について

Q 56 我が子にリーダーシップを とらせたいのですが

A 手本を見せましょう

第8章 楽しくプレーするための環境づくり

　可能なら、親が職場でどのような態度をとっているかを見せたいところです。そういう機会があれば、子どもは、手本として、感じ取るはずです。

　リーダーシップについては、多くのアスリートらが、動画で発信しています。それを親子で一緒に見ながら学ぶのもいいでしょう。

「オー！」

メモ　「教育は器を移すようなこと」

　解剖学者である養老孟司さんが、「教育は器を移すようなこと」と話していました。例えば、子どもが何らかのミスをして親が怒った場合、子どもは、怒られたミスの内容（器の中身）ではなく、怒られた事実（器）だけを記憶します。すると、子ども自身が、親になり、自分の子どもが同様のミスをした場合に、その内容（器の中身）ではなく、怒っていい事実（器）だけを考えてしまいます。子どもに対しては、単純に怒るのではなく、自発的に考えさせ、感じさせることが重要です。

関係性について

Q 57 親は指導者に対してどう接すればいいですか?

A 相手を理解するように努めます

基本的に、親が指導者をコントロールしようとは思わないほうがいいでしょう。指導者は、いわば、オーケストラにおける指揮者です。ある一人のためだけに、楽譜を書き換えることはできません。それを理解した上で、子どものためにどのように働きかければいいかを考えましょう。

また、指導者は、親が否定的な意見を言うと、かたくなになりがちです。とはいえ、対話がないと、親としては悪いほうへと想像してしまいます。ですから、わからないことがあったら、積極的に質問するようにしてください。ただし、それが自分の意見とは異なるものであっても、指導者の考え方として理解するように努めましょう。

メモ お互いの強みを生かし、弱みを補い合う

保護者とコーチは、お互いの役割を認め合った上で、お互いの強みを生かしながら、弱みを補い合っていけば、強い関係性を築けると思います。子どもの成長のために、相乗効果を得られるような関係性を築けるといいと考えます。

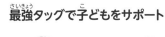

最強タッグで子どもをサポート

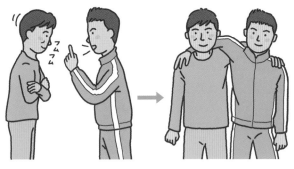

Q 58 身長を伸ばすにはどうすればいいですか?

A 食事、睡眠、運動が、身長を伸ばす3要素です

　身長を伸ばすために大切なのは、食事、睡眠、運動の3要素です。睡眠と運動は子どもたち自身でもコントロールできますが、食事については、保護者のサポートが、とくに必要になります。

　身長を伸ばす上で必要な栄養素はタンパク質です。タンパク質が多く含まれるおもな食材は、肉、魚、卵、乳製品、大豆類など。遺伝などによる個人差はもちろんありますが、小中学生の場合、理想的に成長していくには、1日に50〜60gのタンパク質を摂りたいところです。ただし、運動量が多い人は、体重1kgあたり1.2〜2g（体重50kgの選手は1日にタンパク質を60〜100g）を摂るように心がけましょう。

肉

100gあたりのタンパク質：26g

魚

100gあたりのタンパク質：22g

卵

100gあたりのタンパク質：12g

乳製品

100gあたりのタンパク質：1.6g

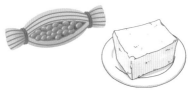

大豆類

100gあたりのタンパク質：16.6g

※出典元：日本食品標準成分表（八訂）増補2023年

Q59 どれくらいの睡眠をとればいいですか?

A 8時間から9時間は、ぐっすりと眠りましょう

以前は、成長ホルモンが最も分泌されやすいのは夜中の1時から3時くらいまでで、その時間帯が前後にずれることはないと言われていました。ところが、分泌される時間帯はずれるという研究結果も、そのあとに出てきました。

いずれにしても、理想の睡眠時間は、8時間から9時間とされています。翌日に学校があることを考えると、消灯時間は、自ずと逆算できます。成長のためには、昔と変わらず、早く就寝し、たっぷりと眠るほうがいいでしょう。

メモ 寝すぎた場合、悪い影響が

「寝る子は育つ」と言われますが、それは、学習面についてもあてはまることです。脳は、インプットされた(入手された、知った)情報を眠っている間に整理するからです。

しかし、寝すぎた場合、悪い影響があります。インプットできないことです。インプットする脳は、起きているときにしか刺激されません。

それでも、スポーツの視点や回復の観点からすれば、しっかりと寝ることが重要です。

Q 60 ケガを予防するための いい方法はありますか?

A まずは、食事から 回復力を上げます

ケガしにくい体をつくるには、回復力を上げることが大切と言えます。スポーツをすると、体に何らかのダメージを負います。疲れもその一つですが、そのダメージをできるだけ回復させることが、ケガの予防につながります。保護者ができるのは、食事の管理。野菜をいかに摂るかが、大きなポイントになります。

📖 知ってる? 完全菜食主義者

NBA選手の中には、単なる菜食主義者ではなく、卵や乳製品さえも摂らない完全菜食主義者（ビーガン）がいます。ダメージの回復とケガの予防に極力努めようという考え方で、この食事法を取り入れているアスリートもいます。

⚠️ 気をつけよう

寝不足は、ケガにつながりやすい

食事とともに、睡眠も、回復力に欠かせません。寝不足のままプレーすると、プレーの質が落ちますし、ケガにつながりやすいと言えます。また、回復力が上がらないので、慢性的なケガが続きやすくなります。

これまでに記してきたように、理想は10時間、最低でも8時間の睡眠がいいとされています。例えば、毎日の睡眠が6時間で、それに慣れているから大丈夫と思っていると、マイナス2時間の積み重ねがケガの原因になることがあります。

年代別や習熟度別の指標はありますか?

ERUTLUCには、子どもたちを指導する上で、早いうちに経験したほうがいいこととまだ後からでも間に合うといった指標があります。例えば、小学6年生には、現代のバスケットボールで主流になりつつある「ピック＆ロール」と呼ばれる動きをまだ教えません。

動きの中で突発的に起きたこと、あるいは選手たちが自ら行ったことについては否定しません。しかし、こちらから積極的に指導することはありません。その年代では、助けすぎることによって、成長の妨げにな

ディフェンスカリキュラム

●＝積極的に指導しているもの
▲＝簡単な入り口だけ紹介しているもの

ディフェンス	U12	U13	U14	U15	U16	U17	U18
マンツーマン	●	●	●	●	●	●	●
ヘルプローテーション	▲	▲	●	●	●	●	●
複雑なヘルプローテーション					▲	▲	●
スイッチ					●	●	●
複雑なスイッチ						▲	●
トラップ				●	●	●	●
ゾーンDF					●	●	●
フルコートゾーンDF					●	●	●

現在、日本では中学生以下のゾーンディフェンスが禁止されています。スイッチ、トラップなどを早い年代で教え込むと、結果は出やすいですが、将来的な成長を見込むことができません。ですから、それらは、15歳以降で指導したいと考えます。一方のマンツーマンディフェンスは、あらゆるディフェンスの基本と言えるので、すべての年代で指導しています。

A あります

ることもあるからです。

　小学生や中学生はディフェンス力が低いため、スクリーンを使うと、その効果が大きく、フィニッシュが簡単にできてしまいます。しかし、スクリーンを使ってフィニッシュが簡単にできても、それでフィニッシュ能力が高まったとは言えません。

その年代では「１対１」からのフィニッシュを積極的に狙ってほしいので、そのためのヒントなどを指導するようにしています。

　年代別の指標を準備した上で、子どもたちの成長に寄り添いながら、その未来に寄与したいと考えています。

第**8**章　楽しくプレーするための環境づくり

オフェンス　●=積極的に指導しているもの

オフェンス	U12	U13	U14	U15	U16	U17	U18
「1on 1」	●	●	●	●	●	●	●
サポート（オフボール）	●	●	●	●	●	●	●
オフボールスクリーン			●	●	●	●	●
オンボールスクリーン				●	●	●	●
トランジションアタック（カウンターアタック）	●	●	●	●	●	●	●
5アウト	●	●	●	●	●	●	●
4アウト1イン			●	●	●	●	●
3アウト2イン					●	●	●
セットプレー						●	●

　オフェンスにおいては、「１対１」を基本として考えています。将来、どのような戦術で戦うにしても、最終的には「１対１」で攻めきる力が求められるからです。オフボールについても同じです。スクリーンプレーを14歳以降で指導するようにしているのは、そのためです。また、ポジションを早い年代から固定することを避け、全員がインサイドでもアウトサイドでもプレーできるように指導しています。

Q 62 ミニバス、部活、クラブ、スクールの違いは何ですか？

ミニバス

小学生を対象としたチーム。中学生以上の一般のバスケットボールとの比較として、ルールが少し異なる

部活

学校で行われる部活動のチーム。学校生活も一緒に送れるので、コミュニケーションを日頃からとりやすい

クラブ

B.LEAGUEのユースチームや有志のコーチによるチーム。さまざまな背景を持つ選手が集まる

スクール

技術や体力の向上、体の動かし方などを学ぶところ。基本的に、大会などには参加しない

A 対象年齢、組織形態、狙いなどが違います

ミニバスは、小学生のチームです。部活は学校の課外活動で、クラブはB.LEAGUのユースチームや地域のクラブチームのことです。それらは、チームとして活動し、多くは大会などに参加します。スクールは、大会などには参加せず、スキルアップ、体の動かし方、体力アップなどを学ぶところです。

メモ 二重登録は禁止

日本バスケットボール協会（JBA）が主催する大会に出るには、JBAに選手登録する必要があります。その際は、例えば、中学校のバスケットボール部とクラブチームの両方で登録することはできません。どちらか一方のみで、二重登録は禁止されています。

中学校体育連盟が主催する市大会や都道府県大会などには、JBAに登録しなくても出場できます（2023年度現在）。ただし、中学校の全国大会はJBAの管轄になるので、それに参加する場合は、JBAに登録しなければいけません。ですから、クラブチームですでに登録している選手は出られません。

近年は、都道府県内でリーグ戦が行われるようになってきました。これに関しても、JBAの主催であるため、二重登録はできません。

JBAへの登録については、各チームのコーチに確認しましょう。二重登録にならないようにしなければいけません。

知ってる？ 各都道府県のデベロップメントセンター

近年、各都道府県において、JBAが主宰するデベロップメントセンター（DC）がスタートしています。これは、選手個人の育成を狙った取り組みで、トライアウト（試験）に合格した選手たちに対し、「この年代では、こうしたスキルや動きができるようになりましょう」というJBAの指針に則った指導をするプログラムです。各都道府県をいくつかのブロックに分けたブロックDCや市町村DCなどを実施しているところもあります。

さくいん〈用語解説〉

おもな掲載ページを紹介します

ア行

RSBQ……P17

ファウルの基準。リズム（Rhythm）、スピード（Speed）、バランス（Balance）、クイックネス（Quickness）に影響があったと判断された場合、ファウルになる

アタック……P56、P121

ゴールに向かう攻撃

ウイング……P13、P70、P71

ゴールに対する角度が45度程度の3ポイントライン付近

ウオーミングアップ……P95、P112、P115、P119

練習や試合前に体を温めて動きやすい状態にする準備運動

NBA……P3、P14、P110、P133

National Basketball Association の略。アメリカを中心とする北米の男子プロバスケットボールリーグ

オフェンス……P8、P17、P20、P34、P53、P57、P75、P81、P82、P84、P92、P126、P135

攻撃。攻撃をする人。攻撃をするチーム

オフェンストランジション……P126

守備から攻撃に切り替わる局面

オフェンスリバウンド……P87

攻撃側がリバウンドを取るプレー

オフボール……P135

攻撃時にボールを持っていない状態

カ行

逆サイド……P46、P70、P71

ボールがないほうのサイド。ボールが右にある場合は左サイド、ボールが左にある場合は右サイドを指す

キャッチ……P60、P61、P62、P63、P66、P67、P71

来たボールを止めて保持するプレー

クールダウン……P122、P123、P125

練習や試合後に、心身を落ちつけたり、休めたりする軽い運動

クリエイト……P126

チャンスをつくり出すプレー

クローズアウト……P34

ボールを持っている選手に対し、シュートを打たせないようにするために、ディフェンスが飛び出していく動き

コーナー……P70、P71

コートの角。サイドラインとエンドラインが交わるあたり

サ行

サイキングアップ……P95

気持ちを高ぶらせる言動

JBA……P137

日本バスケットボール協会。日本国内のバスケットボールを統括する団体

ジェームズ・ネイスミス……P24

バスケットボールの考案者

失敗……P76

チャレンジがうまくいかなかった、その結果

ジャンプシュート……P26
跳び上がった最高点で打つシュート

シュート……P25、P26、P27、P28、P29、P31、
P32、P33、P34、P35、P36、P37、P38、P39、
P40、P58、P71、P72、P78、P79、P83、P87、
P88、P89、P92、P108、P116、P126、P128
ゴールを狙って、ボールを放つプレー

スキル……P25、P39、P41、P59、P77、P137
判断をともなうテクニック

スタメン……P118
スターティングメンバーの略。試合開始
時にコートに立っている5選手

スティール……P42
相手のボールを奪うプレー

スポットシューティング……P35
その場で打つシュート練習

セットシュート……P27
構えてから打つシュート

タ行

Wリーグ……P9
「ダブルリーグ」。バスケットボール女子
日本リーグ

チームディフェンス……P81、P83
チームによる連動した守備

チャンス……P10、P53、P54、P55、P59、P64、
P65、P71、P76、P84、P87、P92、P126
得点するための好機。自分（たち）にと
っての有利な状況

ディフェンス……P8、P16、P17、P34、P35、
P42、P53、P54、P56、P57、P58、P64、P69、
P70、P71、P72、P73、P74、P75、P78、P83、
P84、P92、P96、P104、P121、P126、P134
守備。守備をする人。守備をするチーム

ディフェンストランジション……P126
攻撃から守備に切り替わる局面

ディフェンスリバウンド……P87
守備側がリバウンドを取るプレー

テクニック……P39
技術

トップ……P70
ゴール正面の3ポイントライン付近

ドライブ……P12、P34、P71
ドリブルしながら、鋭い動きでゴールに
向かうプレー

トランジション……P126
攻守が切り替わる局面

ドリブル……P14、P19、P21、P41、P42、P44、
P45、P46、P47、P48、P49、P50、P51、P52、
P53、P54、P55、P56、P58、P63、P64、P65、
P85、P100、P101、P120
一方の手でボールを床に突きながら、ボー
ルを運ぶプレー

ドリブルチェンジ……P42、P47
ドリブルしながらの方向転換

ハ行

ハーフタイム……P115、P121
第2クォーターと第3クォーターの間の
休憩時間

バイオレーション……P18、P20
ボール保持の権利が相手チームに移る違
反

FIBA……P8
「フィバ」。国際バスケットボール連盟。
世界のバスケットボールを統括する団体

パス……P10、P12、P14、P21、P34、P35、P59、P63、P64、P65、P66、P67、P68、P69、P70、P71、P72、P73、P74、P75、P76、P83、P108

チームメートにボールをつなぐプレー

バックコート……P12、P21

自陣。自分たちが守るゴールがあるほうのコート

バッシュ……P23、P97

バスケットボールシューズの略

パフォーマンス……P113、P114

プレーの出来。プレーそのもの

パワーポジション……P103

攻守において、素早く動ける姿勢。相手と接触しても簡単には押し負けない姿勢

B.LEAGUE……P2、P9

「ビーリーグ」。日本の男子プロバスケットボールリーグ

ピック&ロール……P134

オフェンス戦術の一つ。「チームメートが、ボールマンに対して、壁役として立つ。ボールマンが、その壁に自分のディフェンスをぶつけるような動きをすることによって、マークを外したり、ずらしたりする。その瞬間に壁役の選手が反転し、ゴールに向かってダイブする」というプレーで、瞬間的に「2対1」をつくって攻めている

ファウル……P17、P54、P84、P85、P86

罰則が加えられる反則

ファンブル……P61、P62、P63

ボールを弾いてしまったプレー

フィニッシュ……P39、P126、P135

シュートを打つプレー

フィンガーダウン……P29、P30

ジャンプシュートやジャンピングシュートを打ったあとに指を下に向ける動作

フォロースルー……P36

シュートを打ったあとの腕の動き

フルコート……P134

コートの全面

ブレイク……P126

チームメートを助けて、チャンスを広げるプレー

フロントコート……P20、P21

相手陣。自分たちが攻めるゴールがあるほうのコート

ペイントエリア……P11、P12、P13、P15、P20、P34、P58

制限区域。そのエリアが他の場所とは違う色でペイントされていることが多いので、こう呼ばれる

ヘルプディフェンス……P58、P83

相手に抜かれたチームメートを助けるために、自分のマークマンから離れて、その相手を守るディフェンス

ポジション……P11、P12、P13、P17、P75、P84、P87、P135

立ち位置。ポジションをとることをポジショニングと言う

プレッシャー……P40、P54、P55

おもにディフェンス時にかける。オフェンスとの間合いを詰め、自由を奪おうとするプレー。相手を心理的に追い詰めるプレー

ボックスアウト……P78、P87、P92

リバウンドの際に、相手にいいポジショ

ンを与えないように、体を密着させるプレー

ボディーアップ……P84
攻撃側と守備側が接触した際に、守備側が姿勢を崩さずに守り続けるプレー

マ行

マーク……P80、P83
割りあてられた相手に対し、「1対1」の状態で守るプレー

マークマン……P64、P79、P80、P81
「1対1」で守る相手。「1対1」で守られている相手

マインド……P94
考え方。とくに、心の状態がよくない場合に次のことをどう考えるかという心の持ち方

マインドセット……P94、P110
自分のマインドをしっかりと持つ思考パターン

ミス……P46、P50、P54、P76、P94、P96、P117、P126、P129
サボりや不注意などでうまくいかなかった、その結果

メンタル……P94、P95
心の状態。いいときもあれば、よくないときもある

ラ行

リトリートドリブル……P55
後方に下がるドリブル

リバウンド……P11、P12、P78、P87、P88、P89、P91、P92
シュートが決まらなかった際に落ちてくるボールを取ろうとするプレー

リング……P13、P30、P31、P33、P88
ゴールを形成する輪の部分

レイアップシュート……P26、P27、P38、P39、P46、P47
走る勢いを利用しながら、ボールを下から支えて打つシュート

レシーバー……P72、P73
パスを受ける人

レスキュー……P120、P121
ボールマンが困っているときに他の選手が助ける動き

ローテーション……P83、P126、P134
ヘルプディフェンスが起こった際に、マークから外れたオフェンスを守るために、ほかのディフェンスがポジションを移動する動き

ワ行

ワンアーム……P81、P85
腕1本分の間合い

ワンハンドシュート……P28、P40
一方の手でボールをコントロールするシュート

141

ゆめちゃん

バスケットボールって、とても楽しいね！
試合に出られるようになりたいな！

マナブくん

もっともっと練習して、
憧れのスター選手みたいになるぞ！

**著者
佐東雅幸**コーチ

バスケットボールをずっと好きでいて、
長く続けてくれたら、うれしいです！

おわりに

　この本は、普段、関わりがある選手や保護者のみなさんから、生の声をいただきながら作成しました。ご協力いただいたみなさんに、この場を借り、感謝の言葉を申し上げます。

　この本で示したのは、バスケットボールという競技のほんの入り口付近の回答です。これが唯一の回答とは考えていません。ここからさらに考えていくことが重要です。バスケットボールには、もっと深い面白さがあるのです。

　私がみなさんに最も願うのは、これからもバスケットボールに夢中であり続けてほしい、この競技を長く楽しんでほしいということです。また、この本をきっかけに、バスケットボールをやってみたくなった、バスケットボールの見方が少し変わったといったことにつながれば、うれしい限りです。

　最後に――。現在の私があるのは、バスケットボールを通じて出会った恩師、仲間、ERUTLUCのコーチ、ご協力いただいているみなさんのおかげです。いつも、ありがとうございます。これからも、バスケットボールを楽しんでいきましょう。

[著者] 佐東雅幸
かぶしきかいしゃ　エルトラック
株式会社　ERUTLUC コーチ

1990年生まれ、山形県出身。株式会社 ERUTLUC コーチ。中学時代にバスケットボールを始め、高校卒業までの6年間、選手としてプレーした。日本大学に進んだあと、人と関わる仕事をしたいと、ERUTLUCの指導員に。大学卒業後、高校の社会科講師を経て ERUTLUC に入社し、正式にコーチになった。主に育成年代の子どもたちの指導にあたる。

[監修] 鈴木良和
かぶしきかいしゃ　エルトラック　だいひょうとりしまりやく
株式会社　ERUTLUC 代表取締役
5人制バスケットボール女子日本代表アシスタントコーチ

1979年生まれ、茨城県出身。千葉大大学院に在学中の2002年に「バスケットボールの家庭教師」の活動を開始。以来、小中学生を中心に幼稚園児から高校生まで幅広く指導し、バスケットボールの普及と強化に努めてきた。2007年に株式会社 ERUTLUC を設立し、バスケットボール教室、出張指導、クリニック、キャンプ、指導者の研究会などを主宰している。

Club Peace of Mind のみなさん

　Club Peace of Mind は、ERUTLUCが運営するU13～U15のクラブチーム。埼玉県入間郡三芳町にある、エルトラックセンターを拠点に活動する。ERUTLUCは、関東エリアを中心に50以上のスクールを運営し、スクール会員は1800人を超える。また、90人を超える指導員も育成している。

デザイン　　シーツ・デザイン
写真　　　　長谷川 拓司、Getty Images
イラスト　　竹口 睦郁
構成　　　　三上 太
編集　　　　中谷 希帆

こどもスポーツ練習Q&A
やってみようバスケットボール

2024年3月29日　第1版第1刷発行

著　者／佐東雅幸
監　修／鈴木良和
発行人／池田哲雄
発行所／株式会社ベースボール・マガジン社
　　　　　〒103-8482
　　　　　東京都中央区日本橋浜町2-61-9　TIE浜町ビル
　　　　　電話　03-5643-3930（販売部）
　　　　　　　　03-5643-3885（出版部）
　　　　　振替口座 00180-6-46620
　　　　　https://www.bbm-japan.com/
印刷・製本／共同印刷株式会社